気分についての二十四章

幸福な日々のために

杉 英三郎
Sugi Eizaburo

たま出版

はじめに

もしあなたが「毎日を、もう少し気分よくすごしたい」と思っているならば、この本はあなたにむかって書かれました。あなたはほんのかるい気持ちで「気分」とつぶやいたのでしょうが、その瞬間、あなたは人生の意味に触れたのです。

人間が生きているのは、幸福になるためです。わたしは、幸福とは〝いつもよい気分にあること〟と理解しています。それ以外にどんな幸福があるでしょうか。お金持ちであってもなくても、偉い人であってもなくても、日々をどんな気分ですごしているかが、その人の人生を決めています。

あなたが思う「気分よく」の気分とは、天にも昇るような気分のことではないでしょう。おそらく、職場や生活の場で感じる人間関係の調和のなさ、仕事の処理にまつわる煩わしさ、あるいは、世の中や身の回りの騒がしさから無縁でいられる、ささやかな気分のよさでしょう。

もちろんあなたは、念願の課長職への昇進、思いがけない人からの多額の相続、疲れを知らないすばらしい体調を拒まないでしょうが、平凡な毎日を気分よくすごせるのが何よりも望ましいと考えているならば、あなたは確実に幸福の門にむかってあゆみはじめています。

あなたが一日のうちの多くの時間を気分よくすごしていると、あなたのからだから醸《かも》しだされる雰囲気は、それまでのものとはちがってきます。いわば、どんな他者をも受け入れるオープンな雰囲気になり、人びとはあなたとの接触を好みます。この事象は、人間関係の有りようだけでなく、あなたの運の招来と運の趨勢の点で際立ってきます。気分には気分以上の働きがあります。

この本でいう気分は、一般にいう気分の語意よりも広くとっています。はっきりと自覚できる楽しさやよろこび、怒りや憎しみなどの強い感情も気分に含めています。また、ちょっとした気持ちの変化とか、自覚しない微細な心の動きや気分のない状態も気分の一つとして扱っています。

各章では、さまざまなよい気分と、よくない気分について解説していますが、すべてのよい気分がその人の人生をよくするとはかぎりません。よい気分であっても、ある種のものはそれが仮相のものにすぎないことを、わたしたちは暗黙のうちに自認しています。仮相のよい気分とは、実体はネガティブな（否定的な、マイナスの、暗い）気分のことです。その代表格に、俗にいう『他人《ひと》の不幸はわたしのよろこび』の気分があります。だれにでも多少ともある気分ですが、この気分に浸りたい気持ちになるのは、たいてい自分を空虚に感じている時です。一日の大半を空虚にすごしている人ならば、好んで他人の不幸を探し求めます。しかし、来る日も来る日もネガティブなニュースやゴシップ、スキャンダルやアクシデントに興じていると、自分の空虚さはさらに深まります。よい気分といっても単純ではありません。

本来のよい気分のほとんどは、わたしたちの外部世界（環境と条件）と内部世界（意識、思考、感性、想像、記憶、欲望など、広い意味での神経世界）が調和しているときにあらわれます。意外に思われるかもしれませんが、あなたの肉体も外部世界です。肉体はあなたが選んだものではありません。むろん、管理するのはあなたですが。肉体は、いつもあなたとともにいて、あなたが生涯をともにする外部世界です。あなた自身ではないのでたいせつに扱わなければ気分に大きく影響します。

外部世界と内部世界の調和がとれていないとき、気分は沈みがちになります。不調和の度合いが大きいと、外部世界を変えるか、内部世界を変えるか、両方を変えるかしなければなりません。本文ではこの二つの世界の関係の有りようを主題にしてさまざまの切り口から解明していきます。どこから読んでもかまいませんが、特有の用語を意味づけしながら進行しますので、順を追ってお読みいただくのが望ましいでしょう。

二つの世界の不調和ということで、もっとも一般的なものは人間関係で感じるマイナスの気分でしょう。外部世界である他者と内部世界の主人公である自分との接触から生じる好ましくない気分です。人間関係を円満に保つテクニックはありますが、かならずしも有効でないのは、その理由の一つに、だれもが円満を望んでいるとはかぎらないということがあります。また、別の理由に、他者が心の内に秘めた悩みをかかえながら解消できずに、いつも不機嫌になっている場合があります。ほかにもさまざまな理由があります。このような人間性の認識と理解があって、はじめて人間関係にまつわるよくない気分を解消することができます。たとえ他者の内部世界が見えなくても、人間性についての包容的な見方が必要になります。それは同時に自分に対しての見方でもあります。

わたしたちの内部世界は一定の型をもっていません。複雑で、流動的で、統一もされていません。矛盾した面さえもっています。この世界には観音と邪鬼が共存していて、時と場合であっちが出たりこっちが出たりします。同時に出るときもあります。本人の内部世界で矛盾した面がぶつかり合うのを葛藤とか混乱とかいいますが、外部世界からの作用に対して、内部世界がどのように反応するかで、気分の質と大きさがあらわれます。

あなたは、このような気分のメカニズムを知り、ご自分の気分をコントロールする体験を経ながらも、自分をいっそう進化させるために新しい環境と条件を望むかもしれません。もしかしたら、現在すでにそのような望みをおもちになっているのでは？

人は進化の過程でも依然としてさまざまの気分を経験しますが、その過程でよくもわるくも味わう特有の気分があることをあらかじめ知っておくと、戸惑うことがないでしょう。この本では、あなたがご自分の進化に踏み切るとき、進化が物心ともに円滑に成し遂げられるようにいくつかの方法が提示してあります。

外部世界の環境と条件のなかには、日常わたしたちが身を置いている場の一つである世間があります。世間とは、俗世の価値観と既成の道理を信奉する人たちが多数を占めている意識の集合体といっていいでしょう。世間は、あなたが人生を進化させるために一歩を踏み出そうとすると、仕来《しきた》り、慣習、規範を持ち出して、このように行動しなさい、と勧奨してくれますが、そのように従った結果がうまくいかなくても助けてくれるわけではありません。いまから独自の道を歩みだそうとするあなたにとっては、世間という意識の集合体の有りようがどんなものかを想定しておくことはむだではないでしょう。独自の道は世間が推奨する道とは分かれてしまうことが多いからです。この分岐点に立ったあなたと世間のあいだで、悶着、軋轢《あつれき》、混乱が生じ、あなたの気分は危機的な状況をむかえます。このような時のあなたと世間の対立、その状況の打開についてもいくつかの章で記しておきました。あなたのご両親、親族、恩師が世間の一員である場合があります。あなたはどのように対処しますか。

あなたのまわりには多くの人たちがいますが、生きていくのに懸命にならなくても、いつも幸運に恵まれてよい気分を享受している人たちがいるいっぽうで、努力のすべてを傾けても幸運には縁がなく、不運に付きまとわれて暗鬱な気分で暮らしている人たちがいます。この不公平とも思える運の戯れはどこからくるのでしょうか。運不運の訪れにも一定の法則のようなものがあります。日ごろ、わたしたちが活動するのは外部と内部の二つの世界だけのように思っていますが、わたしたちはこれらの世界だけでなく、運をはじめとする神秘な第三の世界でも生きています。高度の感性の世界であり、虫の知らせ、第六感、直感、偶然、テレパシー、シンクロニシティー（意味のある偶然の一致）、霊感、神仏への意識のもとで行動しています。第三世界は、論理的思考外の領域でありながら、経験的には明らかに存在しています。この世界についても気分に関係する点が多々あります。

あなたはいま、立ち止まってご自分をじっと見つめているのでしょう。お金も地位もたいせつにしていますが、肝心の気分が好ましい状態にないので、「自分は何のために？」と考えています。そのようなあなたが二十四の章の中からいくつかのヒントをえて、毎朝を新鮮な気持ちでむかえ、一日をとおしてよい気分ですごせるようになるならば、気分についての伝達者として、これにまさるよろこびはありません。

幸福とは、いつもよい気分にあることである

気分についての二十四章——目次——

恐れ …… 113

自主 …… 157

自他 …… 189

気分

わたしたちはさまざまな気分を感じながら生きています。気分は大きく分けて、よい気分とよくない気分がありますが、そのどちらについても、自分ではほとんど感知できないほどの希薄な気分があります。なんとなく軽やかな気分もあれば、なぜか乗ってこない気分があります。これらの気分はほとんど気分のうちに入らない感覚ですが、これらの気分のなかには日常生活をはじめ人生そのものにまで大きな影響をおよぼす気分もあります。

気分というものがまったくない状態も、広く解釈すれば、これもまた一つの気分といってていいでしょう。そして、その状態を思い起こしてみれば、明らかによい気分であるのが理解できるでしょう。外部世界にも内部世界にも問題がない状態です。

よい気分にもいろいろな種類があります。最初の章ではよい気分がどんなときにあらわれるかをおおまかに整理してあります。あなたがたびたび体験している気分もあれば、体験が稀なものや未体験のものもあるでしょう。注目していただきたいのは、よい気分には特定の他者の存在があって味わえるものと特定の他者の存在なしに味わうものがあることです。特定の他者の動きと事情の変化に左右されない後者に軸足を置いている人のほうが、よい気分を享受する時間が多く、しかも高いレベルで気分は安定します。

よい気分の正反対はわるい気分ですが、あえてわるい気分と表現しないのは「自分は気分を害した」というような、はっきりした不快感のほかにも、はっきりしないマイナス寄りの気分が現代では蔓延しているからです。その気分は、わるい気分のように衝撃的で一時的でなく、緩慢で持続的です。また、理由のわからないままつづくよくない気分には、たとえば、不安、心配、空虚をはじめ、気遣いの多い、鬱陶《うっとう》しい、億劫な、煩瑣《はんさ》な、沈滞の気分などがあります。これらの慢性的なよくない気分の解消は少々厄介ですが、自分を怜悧に見つめて、外科医がメスをふるうように自身の心を慎重に解剖して原因を突きとめれば、病根は取り除けます。これらのネガティブな気分のうちで、特に解明の必要のあるものについては、別に一つの章を設けて詳しく述べます。

第一章　よい気分について

よい気分といっても、多種多様です。どんなときにどんなよい気分になるか、その主なものをみていきます。ただし、衣食住による快適さは除きます。「おいしいお酒を飲んでいい気分になった」「このレイン・ウエアは通気性がよく、デザインもいいので雨の日も気分がいい」「猛暑のなかを歩いてきたが、部屋は冷房が効いていて、ほっとした」などです。これらの肉体の快適さは、いい気分と表現したほうが適切かもしれません。また、以下に取り上げるよい気分は、いまのあなたが求める気分でないものも含まれているでしょうが、一般論から入っていきます。

望ましい出来事

栄転、子の誕生、娘の結婚など、めでたい出来事が自分の身に起こると、人は幸せな気分になります。わたしはいま、幸せと言いましたが、幸福とはちょっと区別しているのでご了承ください。幸せは一時的、短期的で、幸福は継続的、長期的です。たとえば、結婚についてみると、愛する人と結婚するのは幸せであり、愛する人と生涯にわたっていっしょに暮らすのは幸福です。人生についても同様です。ただ、幸せはだれもが一生のうちに何度か経験しますが、幸福は稀です。

野球が好きな人が、贔屓《ひいき》にしているチームが勝つと、自分が勝ったような気分になって、歓喜します。健闘した選手を称え、そのあとで、自分も仕事に励もうと心に誓います。ところが、大事な試合にチームが負ければ、気分は落ち込み、反動として選手を罵倒します。ファンの気持ちのアップ・ダウンはご愛嬌で済まされますが、仕事や暮らしのうえで、自分の気分を他者の動向にゆだねてしまうと、心身ともに疲れやすくなります。

平凡な日常での小さな出来事がよい気分をもたらすことがあります。エレベーターに乗ろうとしたとき、閉まりかけた扉を先客が開けて待ってくれた、狭い道路で運転していたら、対向車が停車して道をゆずってくれた、出勤する朝、ご近所の奥さんが笑顔であいさつをしてくれた（美人で評判の奥さんならなおさらです）などです。公共の場でのマナーが低下の一途をたどっている現代の世の中にあっては、一服の清涼剤以上に、よろこびといっていいほどの気分です。相手が何の利害関係もない人だからです。取り立てて言うほどのことでもないこのような出来事が、好意を受けた人にとっては、一日中を快い気分にさせます。平凡な日常が快適な日常になるのは、このような小さな好意の享受が大きくあずかっています。

人との調和

よろこばしい出来事は起こらず、親切にされたことがなくても、よい気分ですごせた一日は、何といっても人間関係が調和の状態にあったことでしょう。その日の職場では、協業や連携が円滑に運び、伝達と応答が的確になされ、意見の対立が起こっても、互いの立場を尊重しつつ、時にはジョークとユーモアを交えた討論にどっと笑いが起こり、他者の提案と思考の方法から学ぶべき点が見出された有意義な一日。帰宅してからは、家族からの苦情やグチはなく、家政上の問題があれば、どんな些細な事でも家族で相談し合って結論を出し、家族の一人が困っている個人的な問題については、打ち明けられたら傾聴し、適切な助言をあたえ、相手も素直に受け入れてくれた一日。友人や知人との付き合いでは、できるだけ相手の都合に合わせ、かれもその親切を察してよろこび、会話と食事を楽しみ、言いたい事が言える人をもって幸せだと感じた一日。これらの日々は、平凡でありながら、すばらしい一日です。現実はなぜこのような日が少ないのでしょうか。それには自分を含めてそれぞれの人たちの内部世界をのぞいてみなければわかりません。人間関係を良好に保つテクニックには限界があり、どうしても人間の心の理解が必要になります。

趣味

あなたには絵を描く趣味がありますか。構想を練り、構図を考え、形を造り、色を選び、筆を操っていきます。集中と弛緩が交互に訪れるのは、とてもよい気分の一つです。出来栄えの満足もよい気分ですが、制作の過程での気分はまた格別です。心は自由の天地に遊び、工夫と技術のおもしろさ、試行錯誤の楽しさ、仕上がっていく感興は、終えたくないと思うほどあなたを没入させます。時間的に制約のない一連のこの楽しさはアマチュアの特権でしょう。自分の制作した作品のなかには、上手下手とは関係なく自分が特に気に入っているものがあると、それを部屋に置いて時折眺めるようになります。眺めているだけで、心が和み、安らぎます。作品と制作者のあいだで生じるこの事象は、プロも同様で、高額での買い手があらわれても手放したくなくなります。自分のなかに潜んでいて、描き出されるのを待ちつづけていたものが、色と形となって見事にあらわれているからでしょう。

スポーツのよい気分は、勝負の緊張感と肉体の爽快感です。勝てば競技への自信だけでなく、生きる自信もちょっぴり湧いてきます。負ければくやしい思いをしますが、しばらくすると、次の機会には必勝を期し、闘志がめらめらと燃え上がってきます。試合の負けが嵩《かさ》んでも、やめる気はまったくありません。勝つための課題を設定し、プロの技を研究し、立て直しにかかります。スポーツには対戦相手がいますが、相手が憎らしいはずはなく、本質的にはゴルフにみられるように、真の相手は競技の場であって人間ではありません。人間であるとすれば、自分自身です。

どんな趣味でも、趣味と実益を兼ねる考えはもたないのが賢明です。その考えをもてば実益が先行してしまい、趣味であることのよさが失われてしまいます。実益になるとすれば、ひとりでにそのようになっていきます。活動の本質はあくまで趣味でなければなりません。

自然

自然界は、わたしたちをよい気分にさせてくれます。森、渓谷、川、海、空、風、雲、星々は、わたしたちと姿形《すがたかたち》はちがっていても、わたしたちの心のどこかにまったくの無縁の存在とは思えない感覚があります。言葉は通じなくても、何かしら親しみのような感じをもちます。共棲している気分のよさです。まさしく、かれらとわたしたちとは調和しているのです。おそらく、地球界に存在するすべてが唯一の働きからつくられたからでしょう。農業、林業、漁業にたずさわる人たちは、「自然あっての人間」と、直観で理解しています。厳寒酷暑の地に暮らす人たちや砂漠と岩山を渡り歩く人たちは自然を敵視していません。百三十七億年前の宇宙の誕生以来、いま在る自然界は気の遠くなるような時間をかけてつくられました。あなたの肉体も同様で、百三十七億年を経てつくられている自然界の一部です。あなたの肉体は、共に歩んできた自然界に触れるのを望んでいます。叶えてあげてください。

没頭

寝食を忘れて没頭してしまう仕事があります。創造、開発、発明、発見、研究、技術、発想、探索を基軸とした仕事です。組織体の場合では期限と予算が設定され、結果についての責任が問われるので、ゲームではなく勝負です。しかし、おもしろさという点では高度の謎解き遊びです。組織に属している人も、独りで探求している人も、取り組む意識は変わりありません。失敗を重ねても、気分は落ち込むことなく、ゴールをめざして挑戦しつづけます。この人たちにとっては没頭の気分は何ものにも代えがたいでしょう。組織体の中でこの種の仕事に従事している人たちが公の場にあらわれると、一様に、自分の仕事は社会への貢献などと表明します。ホンネはおもしろいからやっているのです。結果は社会への貢献になりますが、動機はちがいます。わが国の精神風土では「おもしろい」と言ってしまうと、不真面目な態度と受け取られてしまうので、当事者たちは組織体の常套句を述べるにとどめています。

仕事にかぎらず、強い興味をいだいて没頭する何かをもっている人は幸せです。家事、趣味、社会活動、自己研鑽など、どんな分野でも夢中になるものをもっている人は幸せです。しかしながら、未知の領域に踏み込んで没頭の気分を存分に味わう人は多くいません。なぜでしょう。現代は、何事にも行為と行動の結果があらかじめわかっているものにしか信を置かない確定志向が人びとのあいだに強まっているからです。保証のないものは避けたい、お金にならないものはしたくない、何の評価もされないものは無意味だなどの気持ちが先立っています。自分の既知の分野から未知の領域へと歩を進めていく人間のすばらしい知力と感性の発揮は失われつつあります。その代償として、退屈で、味気ない日々が人びとを覆い、人びとは心の置き場に困惑しています。それはそうでしょう。結果が確定しているものには魅力も面白みもありません。

芸術作品

第一級の芸術作品は、人の心の奥深くに隠れている人間の真実を取り出して見せてくれます。わたしたちは、食べること、装うこと、勤務することには熱心ですが、なぜか生きているという実感が乏しいのに気づいています。その理由を真剣にさぐろうとしないで、そのつど手軽な気晴らしで先送りしています。芸術作品は、えぐり出された人間の真実をわたしたちの目の前にさらけ出して、生きる意味をさとらせます。迷う魂は光を見出し、病める心は癒されます。自分の真実を知れば救われ、あるいは飛躍します。自分の真実を知ることは他者の真実を知ることでもあり、他者への理解は深まります。眠っていた魂が目覚めた気分は、作品に触れているあいだだけでなく、その後の暮らしのときどきにその気分は訪れます。

挑戦と向上

マンネリ化した生活にうんざりして、「これでは何もはじまらない！」と奮起した時、気分は高揚します。生活の一新へと乗り出す気分からは精気が立ち昇ります。特に、純粋の挑戦心と向上心には、ある種の楽しさがあります。変化をつくる楽しさといっていいでしょう。純粋の、と冠したのは、その心に打算、思惑、他意がないということです。

挑戦であっても、ライバルを蹴落として部長の座の獲得に乗り出すとか、豪邸を建てて自分を見下した連中を見返してやるとか、実益を狙った趣味をはじめるなどの挑戦の動機には他者の存在が大きな位置を占めます。純粋ではありません。いっぽう、仕事の生産性を限界まで高めていこう、家政の理想を実現してみよう、趣味をとことん究めてみたいなどの動機は純粋です。純粋でない動機からの挑戦ではエネルギーが活動と勘定（思惑や算段）に二分されてしまい、挑戦力は半減してしまいます。勘定意識をもった挑戦や向上が効果を上げにくいのはこのためです。たとえ成功しても、人間関係、財政、労力、時間の面で、大きな代償を払うことになるでしょう。動機と活動が純粋であれば、エネルギーは一点に注がれます。純粋性は力です。ちなみに、わが国が、社会、政治、経済、文化の面で、かつての勢いがみられないのは、勘定意識ばかりが優先して、純粋性を失ったからです。

気分のない気分

仕事をしていても、家庭にいても、何の出来事もなく、何の問題も起こらない平穏な日があります。気分はプラスでもマイナスでもありません。ゼロ気分です。これは人の外部世界からも内部世界からも刺激の働きかけがない状態であり、心に何も生じないのは二つの世界が調和している一つの相にほかなりません。ゼロ気分は静穏なよい気分といっていいでしょう。けれども、このような日は意外に少ないと思いませんか。何一つ問題のない、何一つ思考する時間をもたない時間は、むしろ、稀です。なぜでしょう？　人は、問題がないと、問題を作り出してしまうからです。特にわが民族には、何もない状態を受け入れがたい性向があります。いつも何かを考えていたい、何かをしていたい、そうでないと落ち着きません。

たとえ問題があっても、生活を揺るがすほどの問題でなければ、それに思考を注入しないで、思考自体をゼロにすれば気分もゼロになります。一般に、わたしたちは考えすぎる傾向にあります。情報過多のせいでしょう。テレビにも新聞にもインターネットにも触れなければ、気分はゼロに近づきます。試してください。

非日常

気分は、外部世界からの影響が多いものの、内部世界の自主的な働きによるよい気分があります。あなたがよくない気分に襲われて、成り行きにまかせておいたままでは脱却できないと思ったとき、みずからよい気分を湧出させる手立てがあります。自己不在感*の一種ですが、継続していくと、人間を根本から変化させるという破格の働きがあります。

あなたは、座禅あるいは瞑想をやったことがありますか。なければぜひ体験してください。自分という意識を不在にさせる状態に入ることです。本格的に行おうとすれば、定評のある道場を選ばなければなりませんが、時間的に無理であれば、模倣、擬似、真似事でもいいからやったほうがいいとわたしは思っています（たとえば、69ページに記した〝座りの方法〟）。自分不在の気分は、自分のいない状態ですから、その最中は自覚できません。事後になって記憶としてよみがえりますが、たぶん、最中とは異なっているでしょう。しかし、そのようなことは目的とは関係がありません。いっときのあいだ、意識を日常から切り離し、人間界からも立ち去り、自分からも離脱することです。

自分不在の最中の気分は自覚できませんが、事後では明らかに気分は良好になります。心の垢が流されたからです。それでじゅうぶんです。座禅や瞑想法の指導書を読んで、無の世界を窮めるとか、人間修行を徹底するとかのように、大上段に構えて取り掛かると、向上に焦りが生じて逆効果になってしまいます。あくまで心の洗濯という程度のかるい気持ちでおこなうのがいいでしょう。それでも毎日つづけていると、日常の気分の有りようが少しずつ変化し、仕事と生活の上での新たなステップ・アップができます。

＊自己不在感——63ページ参照。

超気分

番外といっていい特殊な気分があります。自分が生きていることへの圧倒的な感動です。一生に一度あるかないかの、気分を超えた気分です。至高感とか至上感とか呼ばれています。それは突然に訪れます。時も場所もまったく予測できません。体験者たちの例では、訪れる時刻は、朝、昼、夕暮れなど一定していません。場所も、海辺、街路上、部屋の中などさまざまです（わたしの場合は、一度だけ六十九歳の時にありました。夏の夕暮れに山道を独りで下っていた時です）。不意に、自分がすべての存在と一体となっている無上の感情で全身が満たされ、愛されているという至福のよろこびがこみ上げてきます。体験者のだれもが、わけもわからず涙が溢れ出てきたのを記憶しています。永遠、無限、絶対という概念は、脳では理解できても感覚では実感できませんが、この瞬間には肌で感じます。

仮相のよい気分

仮相のよい気分とは、気分の実体が自分のネガティブな（否定的な、マイナスの、暗い）面の反応による気分です。その代表格は『他人《ひと》の不幸はわたしのよろこび』でしょう。このタネを探してよろこぶ人は、自分の空虚感を他人の不幸によって埋め合わせています。自分のほうが幸福度のレベルでは上位にあると納得したいのでしょう。

この種の空虚感の充足は、人前ではおおっぴらにしたくない、または、できない性質の心のトリックです。たいてい、ひそやかに、あるいはベールをまとっておこなわれます。毎日を空虚のままにすごしている不幸な人ほど、他人の不幸をよろこびます。そのよろこびのタネとは、たとえば、大金持ちと結婚した女優が破局をむかえた、いつも得意満面の政治家がスキャンダルで政界から転げ落ちた、名声を博していたミュージシャンが投資に失敗して破産したなどです。ターゲットにされる人が、世間から注目を集めている人物でなく、同じレベルの暮らしをしているふつうの人であっても他人が不幸に遭えば、空虚な人は、ほくそ笑みます。時には人前で本心を裏返して表現する場合もあります。ある女性は、人びとと会話をしていて、ホームレスに転落した人が話題になると、同情を口にし、自分がやさしい性根の女であることを他者に認めさせようとするとともに、自分はかれらのように惨めな存在ではないという優越感を味わいます。

『他人の不幸はわたしのよろこび』のようないい気分は、よろこぶ本人自身を不幸に落とし入れることに気がつきません。このプロセスはきわめて重要な事象なので説明しましょう。

本人は、他人の不幸についての情報をキャッチした段階で、相手の不幸のさまを推し量ったり、想像したりします。その哀れな様子を心に描きます。描くことで、意識の上では、他人と自分は、同じ不幸をもった人物になります。ここまでは、社会の底辺で苦しむ人たちを救済する慈悲の人と同じ過程にあります。慈悲の人は、人間は不幸を乗り越えられるという信念から救済にのりだします。救済者の目的は人間の苦しみの解消です。救済者の心には、貧困からの脱出、病気の快癒、自由の拡大などが描かれています。ところが、好んで『他人の不幸』を楽しんでいる人は、不幸の情報を受け取るたびに薄ら笑いを浮かべ、不幸のイメージを自分の潜在意識*に打ち込みます。この知らず知らずの行為は、広告の繰り返しの効果のように、潜在意識に不幸のイメージを蓄積させていきます。潜在意識は自分と他人を区別しませんから、打ち込まれて堆積物となった不幸のイメージは、じっさいの不幸となって自分の身に降りかかってきます。災難に見舞われたり、生活が苦しくなったり、思うように物事が運ばなかったりするのは、多分に潜在意識の働きがその役割を担っています。

＊潜在意識——自覚されないまま潜んでいる意識。自他を区別せず、人間の価値観とは関係なく、認識した現象を生起させます。

仮相のよい気分のうちでも「ざまぁみろ」のような、悪意をむきだしにした自覚的なものは、本人にとっては害が小さく、自覚が希薄な悪意のほうがはるかに有害です。日常のちょっとした意地悪をはじめ、かるい気持ちでの嘲弄、遠まわしの揶揄、同情のふりをした見下しなど、小さなネガティブな気持ちを人は野放しにしています。世の中には、事件、事故、病気、損害、スキャンダルの情報がたえず流布されています。ネガティブで刺激的な話題ほど耳目を集めるので、マスコミからクチコミまでこの類いの話題はたえまなく人びとに提供されています。世の中を知るという口実のもとに、人びとは好んでこれらの話題に触れたがりますが、潜在意識に対して大量のネガティブな情報が打ち込まれるのは必至で、そう遠くない日に危険水位を超えてしまいます。多くの人たちがいつまでたっても好ましくない状況から抜け出せないのは、自分の内部世界の統御に無関心で、恣意のままにネガティブな情報を大量に取り込んでいるからです。

ところが、自他を区別しない潜在意識の性質を利用して、裕福で平穏な暮らしを実現している人たちがいます。『他人の不幸はわたしのよろこび』の一字を入れ換えて、『他人の幸せはわたしのよろこび』としています。人びとを祝福するたびにそれらのイメージを心にいだきます。潜在意識という蔵にはよい映像がつぎつぎと蓄えられていき、ほどなくその映像は外部世界に結実し、その人たちは福に恵まれて多幸な人生を送っています。日常生活では、できるだけネガティブな情報は水際でせき止め、ポジティブな情報しか自分に入れないようにしています。ネガティブな情報に触れても、事実の認識だけにとどめるので、感情移入は避けられます。これだけでも潜在意識の蔵は良好な状態が保てます。そのうえで、豊富、美、慈愛、健康、穏和など、良いものに触れる機会を多くもっています。

潜在意識は、取り込まれたものをそのままに受け入れる性質をもっているので、そのものの善悪をはじめ、人間界の価値判断によって受け入れを差別することはありません。この性質が人間界で不条理と見られる数かずの事象を生んでいるのです。善人でも不幸せになる、悪人であっても栄える、努力しなくても恵まれる、努力しても認められないなどの事象となってあらわれています。イメージの累積の結果は、まちがいなく自分に返ってきます。

内部世界をたいせつにすれば、幸いを招き、おろそかにすれば、不幸が訪れる

第二章　よくない気分について

よくない気分の多くは、外部世界と内部世界の不調和から起こります。人間関係にその典型がみられます。人間関係に悩んでいる人たちのなかには、関係を円滑にしようとして、対人関係のテクニックを学ぶ人がいますが、思うように効果が上がらない場合があります。相手をもちあげたり、機嫌をとったり、愛想よく振る舞ったりしても、事態はいっこうに改善がみられません。テクニックの限界を超えるには、こちらの内部世界を変えて対処しなければならないでしょう。他者に対する自分の反応と他者への理解がじゅうぶんでないことが、行きづまりをみせています。

また、ある種のよくない気分は、目には見えない運気とか運行（運の方向と動きと強さ）によっても湧出してきます。この章では、よくない気分がもっとも発生しやすい人間関係での不調和と運気について詳しくみていきます。なお、日常生活で往々にして感じるよくない気分の源泉である体調のわるさ、金銭の不足、自己存在感の欠乏については、次章をはじめいくつかの章で述べます。そのほかのよくない気分についてはそれぞれをテーマにした章で解説します。

特定の人との不調和

相手との関係を円満に保つために、相手を尊重して応対してもうまくいくとはかぎりません。人間関係の不調和の原因は単純ではなく、相手は不調和を望んでいることもありうるのです。不調和が生きがいにさえなっている人たちがいます。不調和がなくなってしまったならば、このような人たちは戸惑ってしまうでしょう。

いつも不機嫌な人がいます。同席の場では、人びとはなんとかしてかれに気持ちよく時をすごさせたいと思って、かれがよろこびそうな言葉をかけますが、逆に、辛辣《しんらつ》な皮肉を返されて口をふさがれてしまいます。かれは、自己存在感の欠乏に悩んでいるのかもしれません。本人は人びととといっしょに愉快にしたいのに、体裁に拘泥しているのかもしれません。自分自身との折り合いがわるくて自己嫌悪に陥っているのかもしれません。人間という動物は、何の原因もなく不機嫌になるはずはないのですから。このような他人からは推し量れない背景をもっていたり、特異な思考状態に陥ったりしている人に対しては、人間関係を円滑にするテクニックを行使しても有効でないことがしばしばです。その場合は、あえて、かれの不機嫌を直そうとしないで、不機嫌を無条件で受け入れたうえで接するのがいいでしょう。常時の不機嫌は心が病んでいる現れです。この理解があれば、八つ当たりされてもこちらまでが不機嫌になるようなことはありません。

　職場でのあなたは、仕事の能力が高く、人柄も魅力的で人望があると、特定の人物との関係では、相手の地位の上下を問わず、あなたがどんなに相手を尊重しても、関係は円滑にいかないことがあります。相手が上役であって、あなたの存在自体を脅威に感じていれば、かれは防衛心をつのらせ、露骨にバッシングしてくるでしょう。相手が部下であっても、あなたが特別の出世を遂げた人物であれば、あなたはかれから羨望とともに妬みをもたれることがあるでしょう。一部の同僚からは競争心をあらわにした応対を受けるときがあるでしょう。このような人間関係の状況にあっては、あなたはあえて人間関係の改善をはかろうとしないのがいいのです。実務上は困惑することが多いでしょうが、相手の態度をありのまま認め、意識の上でかれらを包容してあげてください。世間には、嫉妬深い人や猜疑心の強い人は意外に多いのです。その人たちは自信のなさに悩んでいます。その人たちのなかにあって、平然として仕事中心に行動しているあなたを見て、まわりの人たちはあなたをますます敬愛します。あなたを敬愛する人たちは、あなたを前にして称賛の言葉は述べませんが、あなたに関係した仕事は懸命におこない、陰であなたを支えています。

人が特定の人物と接触していて不愉快になるのは、相手の反応がこちらの期待したようなものではなかった場合があります（第十五章　期待について　参照）。期待が大きければ大きいほど、不快感は強くなります。対人関係では、相手の応対の態度をこちらの都合のいいように期待しないことが気分を害さないコツです。総じて人は相手に期待しすぎます。現代では、だれもが頭の中は自分の事でいっぱいで、こちらの思うようには相手は反応してくれないのがふつうです。話をきいてくれただけでもよしとしなければならないでしょう。相手に対しては、ついつい期待が先行してしまいますが、どんなときでも、白紙でのぞむのがベストです。とりわけ初対面の人物との交渉事は、相手の出方をあれこれ予想して対応策を考えるよりも、こちらの望みの大枠を決めたら、予想や想定をしないでその場に臨むほうが事は円満に運びます。

当事者間で悶着が起こり、ポジショニング（関係位置、位置決め、立場）によって終息をみても、強引に決着させられたほうの人の気分は終息しません。時間の経過とともに、悶着の記憶に新たな思考が付加されて、気分はますます荒れてきます。上役と悶着があった日の終業後に、よくない気分を引きずったまま、気晴らしに同僚と居酒屋に立ち寄って、悶着のいきさつをしゃべっていると、気分は昼間よりも悪化しかねません。悶着による気分は、気心の知れた人に語ることですっきりした気分になる場合もあれば、逆に、記憶で再演されて、気分のわるさが倍加されることもあります。しかし、聞いている側は、表面的には相槌を打っていても、欠席裁判の一方的な言い分しか聞いていないので、内心では納得しているかどうかわかりません。話の内容によっては、非はむしろ語り手にあるとさえ思うかもしれません。悶着を第三者に語るのは控えたほうがよさそうです。他者との悶着でよくない気分に落ちてしまったときには、すぐに自分の生きる大きな目的を思念すれば、気分にとらわれないでさらっと流せます。生きる目的をもっていない人は、小さな悶着でも重大なテーマになってしまいます。

ポジショニングが絡んだ特定の人との不調和を根本から解消するノウハウはありませんが、こちらのよくない気分を大幅に軽減することはできます。通常の意識では、自分よりも上位の人物や苦手の人、あるいは嫌いな相手に接触するとき、こちらの気持ちの上での視野にはかれの姿がいっぱいに映し出されます。ところが、かれの姿が気持ちの視野の中にじゅうぶんな余白をもって納まるように意識を変えれば、嫌悪感や苦手感はうすらぎます。かれへの見方や接し方が、主観的から客観的に変化するからです。この変化によって、これまでは見えなかったかれの美点や、尊敬すべき面、あるいは同情すべき経緯が焙り出しの紙のようにあらわれてきます。かれは自分がそれまで感じていたほどの嫌な人物ではない、と認識が改まります。

特定の人物との関係が、仕事あるいは生活の条件になっていて、不調和がどのような心身の態度をもってしても耐えがたいならば、関係を断ち切って新しい道を歩むのも一つの考えです。この場合、感情を離れて、いわば、自分の事業を立ち上げる決意で取り組んでいかねばなりません。関係を断ち切るのを目的にするのではなく、新しい仕事、あるいは新しい生活を打ち立てることが目的となります。戦略を立案し、急がず、長い時間をかけて、力のかぎりを注げば成功します。目的をもち、覚悟を決めた時点で、その人物に対する嫌悪感や忌避の気持ちは完全に消えてしまいます。

不特定の人との不調和

人間関係ということを非常に広くとらえると、一方的な関係も含まれるでしょう。よくない気分は、直接には面識のない人たちによっても引き起こされます。その人たちとは、テレビ、新聞、雑誌、インターネットに登場する人物たち、たとえば犯罪者、嫌いなタレント、支持しない政党の政治家、自分とは意見の異なる評論家、世界各国の好ましくないと思う指導者などです。この人たちとは直接の関係がなくても、こちらの一方的な選択の対象として俎上にのせて、誹謗したり、罵倒したりします（テレビの画面にむかって怒鳴っている人がいます）。自分が非とするこのような人物の像が、脳に打ち込まれて残像となっていると、メディアから離れてかなりの時間が経過していても、苛立《いらだ》ちの気分は消えません。野放図にマスコミに接していれば、味わわなくてもいいよくない気分をしばしば味わわされることになります。この影響は予想外に大きいのです。自分の内部世界をたいせつにする観点から、情報の取り入れには意識的な取捨選択が望まれます。

メディアに登場する人物でなく、街中や旅先で見かける公共の場でのマナーのわるい人、耳障りなしゃべりかたをする人、だらしのない所作をする人などを目にすると、わたしたちは不快な気分になります。このような人たちを出現させ、増加させているのは、ほかならぬわたしたちです。わたしたちは、物質主義とミーイズム*を、長いあいだ自他のいずれに対しても容認してきました。いま、この二つの風潮に翻弄されている人たちを目にしていますが、私たち自身を見ているのと同じです。社会を肉体にたとえるならば、病気は弱い部分にあらわれます。目を背けたくなる光景ですが、強い部分もあるのを認識してください。強い部分は目立たないのです。世の中がどんなに乱れても、他者の態度を非難することなく、自分を律することに徹底している人たちがいます。

*ミーイズム――自分以外のものには無関心な自我主義。

人生との不調和

さまざまなよくない気分のなかには、原因がはっきりしないものがあります。本人は「漠然とした恐れ」とか「将来の不安」とか、曖昧な言葉を使っています。自信のなさ、金銭の枯渇、孤立への恐れ、自己存在感の欠落、興味の喪失、生の意味への疑念などが混在しているのでしょう。また、個人的な条件ではなく、人間であることの条件を自問している人たちもいます。この気分にとらえられたら、思いきってその気分と対面するのがその後の人生によい影響をあたえます。

二千五百年前、王子であったシャカ*は、何一つ不自由のない暮らしをしてきた王宮から街に出て、最初に目にしたのは〝生老病死〟の四苦に悩む人間の姿でした。人間存在のこの苦しみと苦しみに対しての怯《おび》えは、今日でも変わりありません。四苦を回避する備えは、金銭と権力では購《あがな》えず、その人の悟りでしか得られないというきわめて困難な主題です。わたしたちが、衣食住のレベル・アップやわが子の進学、肥満の解消、若返りの美容法などの目先の物事にかまけているほうが、四苦の源泉を考えるよりもずっとラクです。もしかしたら、四苦については目を背けたい気持ちがそのようにさせているのかもしれません。しかし、四苦は、音もなく忍び寄ってきます。加齢とともに四苦は予想外の勢いで迫ってきます。四苦についての考えと態度を長年にわたって先送りしてきたならば、人はその場に立ちすくみ、ただうろたえるばかりです。

＊シャカは、人間が『生老病死』を生きねばならないという難問を自身によって解決しました。大悟したシャカは諸行無常《しょぎょうむじょう》、諸法無我《しょほうむが》、涅槃寂静《ねはんじゃくじょう》と教えています。

諸行無常――万物は常に変化して少しの間も、とどまらないということ。

諸法無我――いかなる存在も永遠不変の実体を有しないということ。

涅槃寂静――煩悩を断じた悟りの世界は、心の静まった安らぎの境地であるということ。

（広辞苑）

四苦である「生きていく辛さ」「老いていく侘《わび》しさ」「病気の苦しさ」「死ぬことの恐ろしさ」を、一括して「漠然とした不安」という表現で述べる人たちもいますが、そのよくない気分も自分が脱皮するよい機会と受け取って、真摯に不安とむきあえば、それだけでも不安は溶解しはじめます。

『わるい事は重なる』のピンチに見舞われれば、気分は大きく下降します。たとえば、この二、三カ月のあいだに起こった出来事は、会社に期待されて担当していた仕事は成果が得られず、そのために職場の人間関係にひびが入り、妻は交通事故に遭い、住宅ローンの変動金利が上がって家計を圧迫し、実家では隣家から出火した火災で類焼を被り、そのショックから父親が重度の脳梗塞で入院するなど、つぎつぎと不運と不幸が襲いかかる事態に立ち至ると、意志の強い人といえども考え込んでしまいます。人によっては、何かがまた襲いかかってくるのではないかという強迫感から、御祓いを受けたり、占ってもらったりします。強迫感と先行きの不安感が極度に高じると、入信する人もいます。運勢の凋落は、気まぐれに起こるのではなく、何らかの原因がありますが、本人が自分の内部世界を深く省察しても思い当たるふしがなければ、じっと耐え忍び、何ものにも頼らずに、この事態に対して一つ一つの課題に懸命に対処することが肝要です。それが契機となって、新しい人生への出立となる機会になることがあります。運勢が調整期に入るときには、不運な出来事が立てつづけに起こる場合があります。先に行ってからでないと、真の評価は確定できません。天の采配は人知では推し量れないので、わたしたちにできることといえば、つぎつぎと生起する出来事を、どのように受け取って、どのように対処するかです。良寛というお坊さんは不思議なことを言っています。「しかし災難に逢《あ》う時節には災難に逢うがよく候《そうろう》　死ぬ時節には死ぬがよく候　是《これ》はこれ災難をのがる妙法にて候」

ある五十代の男性は、長年勤めていた会社が突然倒産し、大きな衝撃を受けました。念願の住宅をローンで購入したばかりです。三日三晩考え抜いたあげく、家族四人で会議をもつことにしました。家族たちは、倒産には驚いたものの、意外にも動揺せず、四人で方針を立てました。かれは職探しに専念し、給料の多寡は問わずに早く職に就く事、妻はパートに出る事、大学生の娘と高校生の息子はアルバイトをはじめる事を決めました。かれは家族を前にして、自分は職探しを楽しくやる、と告げました。家族たちは自分たちも楽しくやると誓いました。かれは職探しは楽しくやるが、職を見つけても楽しく働くには、自分が好きなものにかかわることだと思い、クルマが好きだったので、出来高払いの販売員を志願して、販売店と契約しました。かれは一事業主になったわけです。努力の結果、五年後にはその販売店にはなくてはならない人材になりました。

販売店はメーカーに対してかれを社員扱いとして登録したので、メーカー主催の研修会にも参加できるようになりました。そこでも人一倍勉強し、熱心に知識と技術を吸収します。自分が開拓したお客には、店が休日の時でも緊急の場合は自宅に電話してもかまわないと伝えました。お客が事故に遭った日が休日だった時がいくつかあります。不安に駆られているお客にとってはかれの声をきくだけで安堵します。

年配者のかれは、とりわけ年配の客に受けがよく、いまではお客と個人的な話を交わすほどになっています。販売先も、すでに客が客を紹介するネットワークも稼動しています。

予想外だったのは、お客の息子や娘の結婚相手を探す依頼があることで、じっさいに結婚がまとまる例があります。お客の家を訪れての仕事なので、かれの年齢と家族構成から互いの家庭の事情が、ある程度わかる立場にあるかれならではのお客へのお世話でしょう。販売だけでないフィールド（活動の場、行動の範囲）の広がりに、勤め人だったころとは比較にならない充実感を享受しています。いまでは収入は勤め人のころに迫っていますが、何よりも危機に際して家族の絆がいっそう強まったことにかれは深い感動を覚えています。勤務先の倒産が自分にとって果たして悪かったのか、かれは判断を保留しています。災難や不運に遭って気分が落ち込んでも、気力を失わなければ、気分は再び上昇に転じます。おそらく、運気も盛運にむかうでしょう。

降りかかった災難は、飛躍の好機かもしれない

第三章　気分に影響をあたえるものについて

この章では、気分に影響をあたえる要素のうちで、おおかたの人たちに共通するものについて述べます。気分はさまざまな場（一定の条件をそなえた時と場所と状況）で生起しますが、場とは関係なく気分を左右するものには、おおまかに分けると、四つの要素があります。体調、金銭、自己存在感、それに、自己不在感です。このうち、人びとの気分に格段に影響をあたえるのは自己存在感です。人は意識するとしないにかかわらず、存在感の充足をつねに求めています。自己不在感は、自己存在感の対極にあって、人が多くの時間をこの状態ですごすならば、人はいつもよい気分にあります。

体調

体調がよければ気分はよく、わるければ気分は晴れません。絶好調であれば、気分はいちじるしく高揚し、何でもできるという自信が湧いてきます。自信が湧けば、難事も積極的に引き受け、猛烈な馬力で突き進み、やりとげてしまいます。やりとげれば、生きる自信はさらに深まります。病気になって、長い療養生活を強いられている人でも、時たま体調がいいと、気分はよく、快癒への希望が強くなります。病室の窓に映る冬の立木を、葉の落ちた枯木と見ずに、芽吹きを待つ樹木として眺めるように、心象風景が変化します。高齢者の場合は、毎日を楽しみながら、トシを忘れてしまいます。書類の年齢欄に数字を書くときも、だれかよその人の年齢かのような気分で記入します。死を思う時があっても『元気で死のう！』などと冗談半分本気半分で張り切ります。

反対に、体の不調は、気力を削ぎ、自信を失わせ、そのために物事の処理もうまくはかどりません。中年以降では、考え方にも影響します。体の不調を感じると、すぐに大病を疑い、その疑いから仕事と家庭についてよくない思いをめぐらし、気分はさらに下降します。不調と死は、意識としてはトランプのカードの裏表となります。高齢者ともなれば、絵札のカードのように同一平面にあって、しかもどちらの向きからも同じに見えます。死への受け入れができていないと、焦慮の気分は免れられないでしょう。思考が大きくマイナスに傾けば、気分もいっそうマイナスに傾きます。そこから、心身とも沈鬱の毎日を迎えることになります。

肉体は、いつもあなたとともにいる外部世界です。この世で生涯を共にする真の盟友です。固有のＤＮＡと諸条件をもつ肉体を良好に維持できるかできないかはあなたしだいなので、肉体はあなたが自分で管理すべき最重要の環境です。この生きた環境である肉体を酷使させるような量的、質的な飲食物をあたえれば、肉体は不調の兆候をもって警告します。また、人体の特性である直立二足歩行を疎んじれば、さまざまな弊害が生じます。肥満になって、疲れやすくなり、足腰の筋肉は落ち、高脂血症があらわれ、血糖値は上がり、脳の活性も失われます。このような状態になった肉体は、みずからを用済みと判断し、衰弱にむかいます。

　わたしたちの一生の伴侶である肉体は、直立二足歩行としてつくられていることを、くれぐれも忘れないでください。最近になって知られた歩行による脳の活性化は、脳の活用を職業とする学者、研究者、芸術家、職人、事業家が散歩を好むことと符合します。その人たちは無意識のうちに脳と歩行の関係を体得しているのでしょう。

　では、体調はどのようにすれば良好に保てるのでしょうか。健康の維持については、医学、栄養学、食品学、保健体育論など、それぞれの分野からのアドバイスがありますが、基本的には、少食で、感謝して食し、よく動くことです。

　過食には原因があるので、それを突きとめて取り除かなければなりません。過食は、当面のところ顕著な弊害が浮上してこないので、人は欲望のままに自分を放任していますが、なぜ自分は欲望が強いのかを理解しないと節制はむずかしいでしょう。食の本質に対して認識をもたないか、もっても認識が浅いと、欲望は暴走します。その認識をもったうえで、少食に転換するのは比較的容易です。この認識については別の章で詳しく述べます。

少食になるには、毎日少しずつ減らしていきます。間食は、習慣ですから摂《と》らなければ摂らないで済む習慣がつきます。改めるのがむずかしければ、頻度または量を減らしていきます。無理なく習慣化され、ついには過食を忘れてしまいます。過食に悩んでいる人は、この際、摂取量に挑戦し、長い時間をかけてカロリーを半分にまで下げてみましょう。餓死してもかまわないというくらいの覚悟を決めて、挑戦してみてください。餓死するどころか、ぴんぴんと生きてしまいます。

現代では『健康という名の病気』が流行っています（第十章　参照）。マスコミはこぞって「病気にならないように」という看板を掲げて医学的な情報を流していますが、なかには病気の恐怖を煽っている内容のものも少なくありません。そのいっぽうで食の道楽を勧めていて、まさにマッチ・ポンプの様相を呈しています。病気への怯えにかぎらず、人が不安に駆られると、体の細胞はその人を守ろうとして、一途に働きます。不安がさらに高じると細胞は必死になって活動し、ついには病気という現象を起こさせて人に心身の休息を求めます。体の細胞をむやみに脅してはなりません。

金銭

明日の米にも困るほどお金がなければ、気分は沈みます。生存のためには最小限のお金はぜひとも必要です。ただ、人によって最小限という線引きが異なるので、気分のレベルもちがってきます。

収入から当座の衣食住に支出したあとの金銭には目的と役割があたえられます。借金返済、仕送り、養育、娯楽、教養、交際、貯蓄、保険などです。これらの科目の額と収入に占める割合によって、おぼろげながら、その人がどんな気分で日々を暮らしているのかを垣間見ることができます。特に、貯蓄と保険はその人が人生をどのように思っているかを暗示しています。

挿話

四十年ほど前の出来事です。アパートの一室で、学校の先生が死んでいるのが見つかりました。死因は栄養失調による餓死でした。警察官が部屋を調べてみると、預金通帳と預金証書が出てきました。驚いたことに、残高の合計は二千万円を超えていました。当時の中堅サラリーマンが手にする年収のほぼ十五年分です。その人は、まだずっと先の退職後の事を考え、無収入になった時にそなえて、食費をぎりぎりまで切りつめ、貯蓄に励んでいたそうです。

同僚の人たちは、退職後には年金が入り、退職金も半端な額ではないことを説明して安心させようとしましたが、その人は、将来の生活が崩壊する可能性をつぎつぎと持ち出して、反論したそうです。社会保障制度の崩壊、食糧危機、インフレ、大地震、大火災、戦争などに人びとは見舞われ、貧窮のどん底に落ちて餓死すると主張していました。そして、本人は自身の主張どおりに餓死してしまいました。飢餓の防衛のために餓死するという悲しい結末でした。この人には、一日たりとも、心の休まる日はなかったでしょう。

この痛ましい出来事を誇大妄想に取りつかれた人の例として、一笑に付すわけにはいきません。わたしたちは、収入の多寡にかかわらず貯蓄に熱心な国民です。「貯蓄の目的は？」と、アンケートをとると、「老後のために」「不時の支出のために」「不慮の出来事のために」など、将来の不安材料にそなえての回答が上位を占めています。しかし、実態はもう少し複雑で、表立って言いにくい理由がありそうです。たとえば、中高年層でおそらくもっとも多いと推測される理由に、「子に残す」がありますが、「老後のために」に一括されています。現代では、ほとんどの人が衣食住には足りているとはいえ、人は自分の将来を考えるとき、不安の霧が立ち昇り、考えれば考えるほど欠乏の恐怖が起こり、悲惨のイメージがフラッシュされます。餓死した人のようにお金をどんなに蓄えても、恐怖のタネをつぎつぎと探してきます。そのたびに蓄えを増加させていきます。お金があればなんとかなるだろうという思いで蓄えに励みますが、金銭の欠乏への恐怖そのものは、金銭の多寡とは無関係にあることには思い至りません。

貯蓄の目的を「楽しむために」と回答する人の数は、ほんのわずかです。わたしたちの意識は、依然として貧しさから抜け出せないでいます。もちろん、四季折々の旅行や遠出の楽しみはあるでしょうが、日々の楽しさをもっていないのが実態です。お金持ちはどうでしょうか。その大部分の人たちは、本質的な面ではわたしたちと変わりありません。心底から楽しめるものはなく、お金を使うとしても、その対象は衣食住の延長線上にある物質か、空虚と退屈の埋め合わせのための歓楽街での遊興、あるいは、誇示と驕りのために催すホテルのシェフを呼んでのホーム・パーティーです。

金銭というものについての基本的な見方をはじめ、考え方、扱い方は人によって一様ではありません。支払いのしかた一つとってみても、請求書がきたらただちに払う人、期限の日までに払う人、督促状がくるまで払わない人、早く払ったり遅く払ったりする人など、さまざまです。ここには、金銭に困る人とそうでない人のちがいがあらわれています。金銭のやりとりは信用を基礎としていますから、信用度の高い人は金銭に困ることがなく、そのうえ有形無形の利得を享受します。おそらく金銭の本性に従っているからでしょう。ところが、本性に反した扱い方をしていると、金銭との縁が薄くなるおそれがあります。金銭は、世の中で多くの人びとのあいだを循環していますが、金銭を受け取る人の立場を考えないと、回りまわって、自分の財政を危うくします。

金銭は、経済学の貨幣論を持ち出すまでもなく、一般の存在物とは異なった本質をもっています。生き物のようです。じっさいに生き物ではないかと思えるほど人間の思考と感性に反応しているかのように見えます。金銭は単なる貨幣という物質ではなく、労働の対価が形を変えたものなので、きわめて人間的な存在だからでしょう。確かに、金銭を侮蔑する人や金銭に激しい欲望をもつ人には、金銭は寄ってきません。侮蔑するのは、労働を侮蔑するのと同じになってしまいます。激しい欲望は、前章で述べた他者との不調和の視野の範囲と同様、金銭を視界からはみ出すほど大きく映し出します。金銭が載っている台座も見えなくなっています。台座とは、信用、誠実、慎重です。具体的には、約束の時間を守る、大事な用件は確認を怠らない、過失の防止には念を入れるなどです。これらの行為がお金になるのではありません。行為をどこかで見ている人たちがいて、その人たちがお金をもたらす機会をあたえてくれるのです。いま、金銭の欠乏から脱出したい、金銭を多く得たい、金銭の心配をしたくないなどの状態を望む人には、金銭についての考え方や、扱い方について書かれた蓄財家の著作を熟読することをお勧めします。かならず役に立ちます。

自己存在感

自己存在感とは、自分が価値のある人間であることを確信するときに起こる感じ、あるいは感情をいいます。自分という人間の存在価値の実感です。この実感から立ち昇ってくる気分は格別で、体調も金銭も自己存在感の重みにはとうていおよびません。人はこのために生きているといっても過言ではないでしょう。

生きがいは自己存在感の一つですが、生きがいの場は具体的に特定されています。仕事であったり、わが子であったり、社会活動であったりです。気持ちの上では、つねに〝～のために〟を強く意識していて、場に対して献身的です。

自己存在感を感じる場は、かならずしも特定されていません。いくつもの異なった場で体験します。それでもこれだけはいつも感じていたい場があり、その場は、その人の自己存在感の拠り所といってよく、人によっては、生きる拠り所とさえなっています。拠り所の喪失は、人を死に追いやることにもなりかねません。これほど大事な自己存在感の拠り所であっても、日ごろは自覚が薄く、喪失の危機に直面して、はじめてその重みに気づく人もいます。

日常生活にあっても、人は時たま自己存在感が充足されるよい気分を味わいます。朝、ウォーキングしているとき、すれちがった人からあいさつされた、混み合うエスカレーターの乗り口で先をゆずられた、電車の中で立っていたら、席をつめて座らしてくれたなど、自分の存在が見知らぬ人によっても疎かにされていないのを感じ取ります。気分がよくなるこのような些細な出来事の連なりが、じつは生きていくうえできわめて重要です。せちがらい世の中にあって人と人との暮らしに潤いをもたらし、人生を肯定的に見るビジョンをあたえてくれます。

また、見知らぬ人同士の束の間の交流では自己存在感をはっきりと意識しない場合もあります。たとえば、たくさんの人が行き来している街中で、人に道をきくと、きかれた人は、いやな顔をしません。たいてい親切に教えてくれます。道をきく人は、たくさんの人たちのなかから、瞬時に親切そうな人を直感で選んでいます。きかれた人は、そのようなことをいちいち分析しなくても、相手が自分を選んだ理由をこちらもまた直感でわかっていますが、自身の直感をほとんど意識しません。

商人や営業担当者は、お客に物品やサービスの価値を提供すると同時に、お客の自己存在感を充足させることで売り上げます。言葉と態度は、つねに下手《したて》に出て、「あなたを尊重していますよ」という意をあらわします。並みの愛想以上の応対を示さなければ、競争激化の現代では勝ち残れません。同じ品質で同じ価格の品物を売る店がたくさんあれば、お客は、感じのいい、つまり、自己存在感をぞんぶんに満たしてくれる店を選びます。お客のなかにはマニュアルどおりの応対を不愉快に感じる人もいます。

わが国で最上級といわれている某ホテルは、インク瓶を部屋に忘れたまま帰国してしまった外国人のお客が再びそのホテルを訪れた時、ただちにお忘れ物としてインク瓶を手渡しました。感銘を受けたお客は、日本にくるたびにそのホテルを利用しつづけています。今どき、たかがインク瓶と考えるのは早計で、インク瓶を海外にまで持ち歩く人は、筆記具に強いこだわりのある人です。このような人は、書く作業には愛用する万年筆や特定のタイプのペンしか使用しないし、インクの色と質についても、自分の気に入ったものでないと腰を据えて作業にとりかかれません。感銘は、単に忘れ物を保管しておいてくれたという以上のよろこびがあったでしょう。このホテルは、お客の一人ひとりの好みや性格までキャッチしています。

商品やサービスを売買する場では、買い手の自己存在感だけでなく、売り手の自己存在感の充足がなされます。売り手にとってはお客の反応が充足の可否を決めます。売り上げが具体的な証しとなりますが、小売商のような対面販売では、お客との言葉のやりとりの楽しさやおもしろさがプラスされ、自己存在感はぞんぶんに充たされます。あなたも対面販売を経験すると、物を売る楽しさとおもしろさは、儲けよりも価値が高いのではないかと思ってしまうでしょう。店主はお客が店に来ないと、売り上げの問題よりも自己存在感の欠落を感じて寂しい思いをします。

店主たちは、何かにつけて「お客さま大事」と表明します。聞く側は「儲け大事のためのお客さまではないか」としか受け取りませんが（じっさい、そのように受け取られてもしかたがない業者がいるのも事実です）、店主たちの多くは「売り上げ大事」だけでは心は満たされず、自分たちの自己存在感を充足させてくれるのがお客だと、胸のうちで理解しています。お客がこないと、最初に突いて出る言葉は、「寂しい」です。

職場は、人びとにとって店主の働きに見られるように二つの意義をもっています。生活の原資を獲得する畑であり、自己存在感を充足させる心の居場所でもあります。大きな組織体に勤務する人たちの多くはこの事を、認識しないか、混同しているか、自己欺瞞をおこなっています。自分が勤務する目的を「食べるために」、「家族のために」、「会社のために」と述べ立てていていますが、居場所については少数の人を除いて語られません。『家にいるよりも、会社にいるほうが落ち着く』のがホンネである人たちは、残業や休日出勤を厭《いと》うことなく、むしろよろこんでおこないます。組織に対しては「会社のために」と表明し、家族に対しては「お前たちのために」と宣言しています。

大きな組織体に属している人びとの自己存在感は一様ではありません。自己存在感の享受のしかたからみると、大きく三つに種別されます。第一種は、組織のピラミッドを登ろうとする人、第二種は、仕事のおもしろさを楽しんでいる人、第三種は、大きな組織体に属していることで有形無形のメリットを味わっている人です。数の上では、第三種の人が大部分を占めています。


第三種の人たちは、世間に名の知れた組織に所属していることに誇りをもち、それを明瞭に意識していますが、公私の全生活にわたって職場が自己存在感の拠り所となっていることの意識はむしろ希薄です。組織体に属しているうちは、職場を空気のように思っているので、自分の自己存在感の重みに気づきにくいのです。存在感の危機が訪れるまで重みにはほとんど無関心でいます。

大きな組織体に所属しているという身分は、家族や縁者、知人やご近所のあいだではきこえがよく、特に、地場では人びとの応対は一般の勤め人の場合とはちがっています。当然、気分もちがうはずです。本人はこのちがいを深く認識しないで、人びとの感じのよい応対を自身の優秀性のためと受け取っています。組織を離れてタダの人となったときのことなど想像できないでいます。

わが国では、職場が自己存在感の拠り所となっている人は膨大な数にのぼります。職場では、あいさつが交わされ、共に働く人びとの姿が目に映り、会議では意見を述べ合います。一寸見《ちょっとみ》には、本人も第三者もこのような毎日繰り返されるありきたりの言動の場が自己存在感の拠り所となる根拠は何一つ見当たらないように思えます。けれども、自分の机があり、持ち場があり、地位の上下を問わず誰一人として自分の存在を無視する人はいません。この、誰からも無視されないという条件は、新入の職員から組織の代表者まで平等に貫かれています。平凡な毎日であっても、職場は勤務する人にとっては非凡な場なのです。ところが、何十年ものあいだ職場の空気を吸いつづけ、空気が骨の髄まで染みこんでしまうと、非凡の場も当たり前の場にしか感じられず、非凡さに気づかないまま定年を迎えます。

定年を待たずに慣れ親しんだ職場から離れなければならない事態が突然に発生すると、自分でも信じられないほどの衝撃を受けます。自分を隔離させたのが組織体の責任者であれば、責任者に対して激しく抗議します。

ある大企業が人員整理を決定しました。関連会社に転籍命令を受けた社員の一人が社長室に乗り込んで、社長の目の前で抗議の割腹自殺を遂げる事件がありました。転籍先でもじゅうぶんな給与が保証されていたにもかかわらず、なぜ死ななければならなかったのでしょう。この事件は、人はパンのみでは生きられない存在であることを如実に物語っています。

第一種の人びと。組織のピラミッドの階段を昇りつづける人びとです。組織体という舞台での自己存在感の追求に明け暮れています。実務の成果だけでは階段を昇るには有効ではないと考えている人たちがほとんどです。そこで、思惑、作為、策略に頭脳を働かせ、地位の安泰と上昇を図るのに余念がありません。

しかし、自己存在感は両刃の剣です。組織体や業界、あるいは世の中や地域にあって、人びとの称賛を浴びて、自己存在感がいやがうえにも高まると、自己は、主張性をもった自我*へと容易に変貌します。人は並みの存在価値では満足せず、いっそう刺激的な存在感を追求します。昇進すればさらなる昇進をめざし、名声をえればつぎは全社に鳴り響く喝采を希求し、業績を上げれば次期にはいっそう大きな成果を狙います。この追求欲が原動力となって人の能力を向上させていくのは確かですが、心身の準備のないまま追求に明け暮れていれば、疲労回復の機会はもてません。なおもつづけていけば、体力は消耗し、神経は高ぶり、ドクター・ストップ寸前の全身疲労に立ち至ります。それでも人は自身を叱咤激励して、突っ走ります。周囲の人びとから、そのがんばりに賛辞を呈されると、賛辞を受けた手前、もはや歯止めが利かなくなります。順風満帆の時ばかりではないので、行く手の障害の排除のために、方策を案出し、攻めながら守りを固め、緻密な根回しや事前の密会に多忙をきわめます。睡眠時間は削られ、いつ119番を呼ばれてもおかしくない状態になります。

＊自我――65ページ参照。

ピラミッドを登る人たちのなかには、少数ですがこのような自己存在感の充足を熱心に追求する自分を感知し、一歩退いて我が姿を客観視し、この有りようについて見直す人たちもいます。地位という自己存在感の充足は、地位を去ればゼロになる自明の理を再認識し、いずれはそのようになる周辺環境をあらかじめ真剣に考えはじめます。この人たちは能力があり努力もしますが、第三種の人たちのように無自覚ではありません。無自覚ではいられないポジショニングにあるからです。退職後の過ごし方については、現役中に周到に準備します。どんなに多忙でも、友人からの誘いにはできるだけ応じます。やむなく外しても、すぐに予定を立てて、自分のほうから誘います。新しい友をつくることにも心を配り、付き合いの輪を広げていこうとします。趣味は、忙しさでとぎれとぎれになってもつづけていきます。妻との旅行や観劇はもちろん、しばしば外食の機会をつくります。外食は、食事の場を介して、それぞれの問題をかかえたふたりがむきあう機会です。家庭内とはちがって、少しばかり改まったふたりが対面するので、話題の切り口も変わってきます。老後は、楽しみと平安がなければ、意味はないと思っています。

第二種の人びと。仕事自体がおもしろい人は幸せです。他者からの評価による自己存在感の必要のない人です。少なくとも職場では次項で解説する自己不在感が常態となっています。この人たちにとって職場は技術と知力の競技場です。たとえ出世が遅れて、かつての部下が上役になっても平気でいられます。職人気質で、実務を好み、管理の職務を退屈に思っています。現場で成果を上げているので、組織体はかれを昇格させようとしますが、部下をもつ煩瑣を嫌います。組織体に対しては、何よりも仕事がやりやすい環境の整備を求めます。定年退職してもこの人たちには寂寥感や悲哀感はありません。職場では仕事に熱中して自己が不在になる時間を多くすごしてきたからです。じゅうぶんに働いたという実感があります。現役中に趣味をもっていなくても退職後にはすぐに趣味をみつけて、自分を楽しませます。

職業の有無にかかわらず、多くの人びとにとって自己存在感は生きていくうえで不可欠の糧です。一般には、無職の人のほうが自己存在感への欲求は強いでしょう。どんな職業であっても、職業そのものが最小限の自己存在感を保障してくれます。無職であれば存在感を味わう機会は自分でつくっていかねばなりません。わたしたちはそのような人たちを時折見かけます。郊外の郵便局では、窓口で局員にながながとしゃべっている老人がいます。可愛がっている孫の自慢話です。医院では、つぎの患者がたくさん控えているのに、医師に毎度同じ症状をくどくどと訴える主婦がいます。夕暮れどき、小売店の店頭では、来客の応対に忙しい主人の手を止めさせて、嫁についての苦情を述べ立てる老女がいます。迎える側は相手をむげにできず、聞きつづけるのを余儀なくされます。しゃべる当人にとっては、相手はだれでもよく、しゃべられずにはいられないほど自己存在感が欠落した空しい日々をすごしています。

自己存在感が充足される最小限の条件は、他者によって自分の存在が無視されないことです。人は、物質的にどんなに惨めな暮らしをしていても、精神的にどんなに悲しい孤立感を味わっていても、他人に無視されないかぎり、自分の存在に意義をもちつづけます。無視されても平然としていられるには、宗教上の修行を積んでいるか、ある種の思想を徹底していなければなりません。

自己存在感の重みは、その人の生きている証しであるだけに、存在感の拠り所の喪失は割腹自殺した社員のようにその人を奈落の底に突き落とします。気分としては最悪です。そのような事態が自分にも起こりうることを想定する人はつねに自己存在感の防衛を怠りませんが、その防衛心が強すぎると、さまざまな悶着、葛藤、混乱を生み出します。地位に執着する経営者、組織にしがみつく社員、子離れしない親、容姿の評判を維持したい女性、世間に蔑《ないがし》ろにされたくない老人、いつもみんなといっしょにいたがる少年少女などが数多くいます。自己存在感に固執すると、その喪失を不安に思うだけでも落ち着きません。この落ち着きのなさが、新たな悶着のタネを蒔いてしまいます。

現代では、成人女性の自己存在感の拠り所は、男性の場合よりも多様です。女性が生きる外部世界である環境、条件、ポジショニングはさまざまです。現代の女性たちの生活の基本的な形態からみると、未婚で定職をもっている、結婚して家庭をもっている、子がいる、子がいない、三世代同居である、定職をもちつつ家庭をもっている、未婚で定職をもたずに親と同居している、老いて二人暮らしである、老いて独り暮らしであるなどです。それぞれが異なった自己存在感を享受し、あるいはその欠落を悲しみ、もしくは拠り所を探っています。

専業主婦であり母親でもある女性たちのうちで、もっとも多い拠り所は、わが子と持ち家でしょう。わが子は愛の対象ですが、子の成長と自分の加齢がすすむにつれて、子は自己存在感の拠り所にもなっていきます。母親の内部世界は愛情とともに、作為性が生じて、混濁した状態になります。それでも母親は、自分の思考と言動のすべては、あくまで純粋な愛のあらわれであると思い、心の有りようの厳密な自己分析と判定を避けています。加齢がさらにすすむと、自分の先行きを懸念し、子に対しては自分の拠り所に加えて、面倒見の役割を期待します。夫との関係に長年のあいだ齟齬《そご》をきたしている場合はなおさらで、中年以降では子に対する依存性はいちじるしく過大となり、それを察知した子を当惑させます。

専業主婦であり、母親である女性は、長いあいだまわり人たちからは、つねにだれそれさんの奥さん、だれそれチャンのお母さん、と呼ばれてきました（過去には自分から望んだことでしたが）。彼女の夫が職場にしか目がむいていないならば、昼間に独りになったとき、自分の存在の空虚さを感じないわけにはいかなくなります。唯一、わが子だけは自分の存在を認め、自分を裏切らない人間に思え、空虚さを感じるたびにその埋め合わせとしてわが子にのめり込んでいきます。この存在感の危機に際して、新しい道を模索し、見出していく女性はわずかしかいません。

専業主婦にとって持ち家は、単に資産価値以上に、自分の城という大きな意味をもっています。皿一枚の置き所も寸分たがわず自分のルールで定めています。会社人間の夫をもつ妻は、長い時間をかけて子をほとんど自分だけの子として味方につけます。子が結婚して独立すると、夫との二人暮らしがはじまりますが、夫が定年になって終日家にいる状態がつづくと、たいへん困惑します。家事を手伝ってもらうのも自分のやりかたとちがうのが気に入りません。城の中をあちらこちらいじられるのも迷惑だし、子や友を相手にしての心おきない長電話の楽しみは奪われ、メールを覗《のぞ》かれるのもいやだし、気軽に外出できなくなるのも苛立ちのもとになります。定年退職者の妻が夫の再就職を望むのは、収入の面もありますが、背景にこのような事情があります。「亭主、元気で留守がいい」のです。

女性が結婚し、専業主婦を選択すると、夫に持ち家をせがむのは、自分の自由にできる空間である城をもちたいからにほかなりません。一日の大半を過ごし、誰からも指図を受けず、誰にも気遣うことなく、何事も自分の思うように設定できる場を求めます。借家でも自分の城になりますが、落ち着きの度合いと飾り立ての自由度がちがいます。「あたし・・・のお家が欲しい」という欲求は、自己存在感の切実な希求でもあります。若い夫は、妻の求めに応じてローンを組みますが、この段階で棲家は固定され、夫は人生の発展途上にあるにもかかわらず、思考はおのずと旧守に傾きます。ローンの返済は教養娯楽費を削減させ、フィールドは物心ともに狭くなり、思想は物質主義の度を強めます。

専業主婦であって、自分の城をもち、衣食住には事欠かず、家族を愛し、家族から愛され、ご近所の評判はよく、ほぼ完璧な暮らしをしていても、なお満たされない思いをしている女性たちがいます。この思いを自己分析して、自分は家の外での活動をしないからだと考えて、習い事の集まりに参加し、親しい友との語らいの時間をもち、海外旅行にも何度も出かけ、しばしば夫に連れられて有名料理店で食事をします。しかし、そのつどそれなりの感興が味わえても、肝心の日常生活では、やはり物足らなさを感じています。彼女たちのなかには、自分はなぜこのような気分になるのかを、さらに深く自問する女性も出てきています。その結果、人によっていろいろな答えを出します。「自分は消費サイドの生活しか知らないでいる」、「自分には追求したいものがない」、「これまで、心底から楽しんだことが一度もなかった」、「身内以外の人から自分の存在価値を認められることがない」。この女性たちは、まったくの一個人に立ち返ったとき、自己存在感の欠落、あるいは不足を感じています。この切実な願いを充たす手立てがみつからないとき、不定愁訴に陥ります。

自己存在感の欠如に悩む女性の対極にいる、自己存在感を存分に味わっている男性にも問題がないわけではありません。現在の存在感を最大に満喫しつつも、さらなる刺激的で興奮をともなう自己存在感の追求に忙しくしているピラミッドを登る人たちは、あまりの激しい追求に疲れ果てると、ふと自分を消したく思う時があります。死ぬということではなく、事あるごとに帰趨する自分という意識から離れる時間をもちたいと望みます。これはごく自然なあらわれで、生体の健全な維持の働きが作動するためです。これが自己不在感への憧憬で、運よく自分に適合した不在感の方法を見出せた人は存在感に対する過剰な欲求を断ち、自分を安全域に踏みとどまらせます。不運にも方法を見つけられない人や自分という意識を絶対に消したくないと思っている人が、なおも追求に突き進めば、生体は罹病させることで強制的に休養させせます。

自己不在感

自己不在感とは、自分がいない感覚をいいますが、お察しのとおり、便宜上の表現です。自分がいない感じは、その真《ま》っ只中《ただなか》にあっては、意識できません。たとえば、あなたが晩秋の山道を歩いていて、ふと足元に目をむけた時、枯れかけた草のあいだに一輪の小さな白い花が咲いていた——花が目に入った瞬間、あなたは存在しません。白い花だけがあります。

あなたの記憶には、思いがけない可憐さを見つけた小さな驚きの感覚が残っていますが、じっさいに目に入った瞬間の感じとは少しばかりちがっているでしょう。追憶の段階で、「可憐」とか「白い花」とか、感想の言葉が浮かべば、もはやほんとうの感覚とは程遠いでしょう。

人は物事に没頭すると、自分がいなくなります。研究者が実験室で寝食を忘れて、試行錯誤を繰り返しているときには、思考はたゆみなく働いていますが、その思考は、対自思考*ではなく、対物思考*です。取り組む相手が人間でなく物事であれば、人は肉体の疲れは少々感じるものの、神経の疲れはほとんど感じません。どんなに集中的に意識を注いでも、精神的ストレスとは無縁です。ところが、その研究者が所属している組織の上層部から「早く結果を出せ」と催促されると、対自思考があらわれ、心に葛藤が生じます。

＊対自思考と対物思考――思考には二種類があります。一つは、思考の対象が自分、または自分の存在価値に直接かかわる他者に対する思考で、この本では〝対自思考〟とよんでいます。いま一つは対自思考以外のすべての思考で〝対物思考〟と呼んでいます。

画家のなかには、アトリエで制作の最終段階に入ったとき、筆先をカンバスの一点にむけたまま、同じ姿勢で凍りついたように何時間もすごす人がいます。そこに色をのせるかのせないかが出来栄えの分かれ目だからです。画家の想像力と対物思考が頭の中でフルに回転しているとき、自分はいません。カンバスに描かれている表現だけがあります。しかし、画家がこの作品を展覧会に出品して特選に入選するかどうかを考えた瞬間、自分という意識があらわれ、脳の働きはカンバスを離れ、対自思考に入ります。

わたしたちは、個人の時間の大部分を対自思考についやしています。職場でも対自思考に耽《ふけ》っている時間は少なくありません。この世でいちばんの関心の対象は、よくもわるくも自分です。対自思考をつづけていたり、頻繁に対自思考に入ったりしていると、自分は自我*に取って代わられます。

＊自我――主張性をもった自己。主張とは欲望、希求、訴求、攻撃、防衛です。日常においてはあからさまではなく、丁寧、婉曲、間接、被覆をもって表わされることもあります。

自己――自分という意識。自覚の有無には関係がありません。

自分――自覚している自己の部分。

対自思考の対象の多くは自己存在感の欲求に行使されることが多く、強く欲求する自己は自我と化して、自己存在感はもはや正常域にとどまることなく、自我存在感の充足をめざします。自我をそのままに放任していると、自我は内部世界の支配者になってしまいます。ほとんどの人がこの状態になっています。独りでいるときも、『どうしておれでなくてあいつが課長になるんだ。会社は目がない』『何のかのといっても、やっぱりカネだ』『譲るべきはそっちだろう』などと、心のなかでつぶやいています。このような内心の言葉を内的独白といいますが、このような直接的で露骨な表現をとらなくても、自我の思考のセリフは似たようなものです。人前では体裁をかまったり、本心を見破られるのを恐れたりして伏せています。それどころか、本心とは逆の感想を述べたりします。平然とウソを言うのも自我の特徴です。

人の外見と自我の強さは関係がありません。温厚な人が、じつは、強烈な自我の持ち主であったり、逆に、粗暴な人の自我が微弱であったりします。外見と自我の強さが正反対の人は思いのほか多いようです。職場でも家庭でも、自我の現れを意識的に抑え込んで温厚な人物を装いつづけても、そのままではいずれ自己破綻します。無理に装いつづけると、気分の滅入りや体調不良が浮上してきます。症状が進行すれば、うつ病になってしまいます。むしろ、自我の暴れを剥き出し《むだ》にする人は、素直といってよく、本人もストレスの発散を小まめにおこないます。他人には嫌われるでしょうが、病気になりにくいタイプです。

結婚の前と後で、配偶者の人柄や性格が変わったように見えるのは、偽装する必要がなくなったために自我があらわになったからです。当の配偶者本人は、結婚の前も後も自分は変わっていないと思っています。結婚の前と後で大幅な変化のない配偶者をもった人は幸せです。選んだ配偶者が、自我の偽装をしない素直な人だったからです。

自我は、外部世界が主張を受け入れてくれないと、欲求不満をみずからの手で鎮めようとせず、攻撃に打って出ます。攻撃といっても暴力ではなく、巧妙な論理を駆使して不満や非難を論理にすり替えて主張します。陰湿な陰口で主張することもあります。自我は、平穏でいることよりも、刺激を好み、争うほうが性分に合っています。争いは、生きている実感をあたえてくれます。むろん、実感といっても仮相の実感にすぎません。内容はネガティブで、多くの人たちが平穏よりも争いを好むのは、自我を野放しにしているからです。

自我の存在とその有りように気づいた人は、このままでは自身を破壊しかねないと危惧し、心の平安を模索しはじめます。自分を改めようとしますが、それを意志の力でおこなおうとします。『欲をもたない』『かれを非難しない』『嫁を愛する』などと心に強く誓います。残念ながら、成功する人は誰一人としていないでしょう。簡単に挫折してしまいます。自我と意志の闘いでは、自我は圧倒的に強いのです。自我と闘うのではなくて、自我を消去するか、不在にさせなければなりません。これが完全にできたならば、聖人といわれる人間になりますが、せめてもの一日の数分間でも、自我が不在になる時間を毎日もつことで、人は少しずつ新たな生を生きはじめます。

仏教の一宗派がおこなう禅は、自我の消去をめざす修行ですが、自我のみならず、自我に簡単に変貌してしまう自己のまるごとの消去を図ります。自己の完全な消去は、専門家といえども容易ではありません。自己は、座禅をしているあいだは消えていても、立てばあらわれてきます。生まれながらの聖人は別として、この悟りの境地に入るまでには長い年月がかかり、悟りのないまま一生を終える修行僧は少なくありません。それでも意味のないことではなく、目的を遂げようとする過程にあって生涯を終えるのは人間の最高の生き方です。

まとまった時間がつくれないわたしたちにとっては、正式な座禅の方式でなくても、真似事でもかまいませんから、自己が無くなる時間を一日に五分でも体験するのが望ましいでしょう。つづけていけば、内部に変化が起こります。些細な事で腹を立てたり、争ったりすることがなくなります。嫌いな人、怖い人、苦手な人から逃げようとしなくなります。

目の前にいる人物や、生起する出来事をそのままに受け入れるようになります。このような変化は、やがてその人の雰囲気にもあらわれます。

一日のうちでわずかでも自己が不在の時をもつには、どんな方法でもいいですから実行することをおすすめします。たとえば、つぎのような〝座り〟だけでも、毎日つづけていると、気分に格段の差があらわれます。

『座り』の方法

①静かで、薄暗い場所と時を選ぶ。
②畳の上または椅子に座る。
③腿の上に両手をのせる。
④両手のひらを上にむける。（重要）
⑤背筋はすんなり伸ばす。力は入れない。
⑥腹式呼吸を数回おこなう。
⑦目を閉じる、または半眼にする。
⑧意識の上で耳を閉じる。（重要）
⑨目前に広がる空間に意識をむける。

⑩空間を広げていく。（重要）
⑪広げきった空間に入る。しばらくそこにとどまる。
⑫意識の上で耳を開ける。
⑬空間だけがある。（重要）
⑭そのままにしておく。
⑮そこにいたいだけいる。

はじめのうちは、その日に起こった出来事の記憶がじゃまして集中できませんが、あえて排除しようとしないでつづけていきます。不十分であってていいのです。集中できないのなら、集中しようとしないでそのままにしておいてください。その日はそれで終わってもかまいません。それでも成果はあらわれてきます。空間がたいせつなので、あれこれの記憶がフラッシュ・バックする合間をみて、できるだけ空間とむきあい、空間と共にいるようにします。空間に入れなくてもかまいません。むきあうだけでもいいのです。何日か経つと自然に入っていくようになります。

座ると、かえって頭が混乱するという人は、意識の上で首をスパッと斬り落としてください。もはや脳がないので記憶はいっさいなくなります。胸だけでむきあうことになり、たやすく空間にむきあえます。

もし、あなたのたいせつにしている人が、生きるか死ぬかの病に侵されて入院しているならば、見舞ったあとにどうしますか。病院の庭に出たあなたは、たぶん神仏に熱心に祈るでしょう、『かれを救いたまえ』と。それは純粋な心情の発露です。このようなとき、あなたが座りの方法を体験しているならば、祈りは少し変わった内容になるでしょう。庭のベンチに腰を降ろしたあなたは、くつろいだ姿勢で、手のひらを上にむけて三、四メートル先の地面に目を置きます。意識を先ほど見舞った人にむかわせ、意識でその人の全身をやわらかく包みます。しばらくしたら意識をゆっくりと広げていきます。その人が四人部屋に臥しているなら、その部屋に臥しているすべての人たちを意識で覆い、そのつぎに、部屋のすべての病人を部屋ごとふんわりと包みます。意識をさらに広げて病院全体を覆います。ほかの病棟に臥す患者さん、お医者さん、看護師さん、事務の人、厨房の人、清掃の人、それぞれの患者を見舞いにきた人、病院にいるすべての人たちを平安の空気でふんわりと包みます。つぎに、意識をさらに広げて、病院のある地域全体を覆います。広がった意識は、さらに日本を覆い、地球を覆っていきます。意識を宇宙にまで広げていきます。すべての人たち、すべての存在を、平安の空気でやわらかく包みます。

あなたのその意識は、愛と呼ばれています。そこには、あなたの自己も、当然、自我もありません。人間の愛ではなく、神仏の愛であり、そのとき、あなたは神仏になっています。あなたは、あなたの愛する人を愛するにとどまらず、万人を愛しています。愛は区別しません。人間は神の子であるといわれるのは真実です。

いつも自己が不在であれば、人はいつも平安にある

将来

つぎの三つの章では、あなたの将来があなたの心の有りようによって決まっていくことを解説します。現在のあなたは、過去において、自分はこうなるだろう、と思ったとおりのあなたであり、同じように、現在のあなたが、将来の自分はこのようになるだろう、と思っているならば、そのようになります。これが想念の働きです。この働きほど将来像を確実にする力はほかにはありません。しかし、想念が実現したからといって気分に大きな変化が起こるということがないのもこの働きの特徴です。

また、あなたはいま、心の奥深くに願望をいだいているかもしれません。現在の環境と条件を去って、自分の能力と適性を存分に発揮できる新天地への飛躍、あるいは、素直な欲望が求める物件や地位の取得、あなたが結婚を望んでいて、その相手は、何よりもいっしょにいて楽しい異性であることなど、真剣にいだかれた願望はかならず実現します。可能性の問題ではありません。問題があるとしたら、あなたの心の態度です。

願望を実現する方法については、現代ではかなり研究がすすんでいます。その一端を紹介しますが、異論もあるので、それも併記しておきました。自分に合った方法を選んでください。どの方法をとろうと、心の態度と行動が願望の実現の可否を決めるのでこの点を詳述します。

想念と願望のほかにも、あなたの将来を定める働きとして、ビジョンがあります。ビジョンは想念とちがって自覚的であり、自分をゆるやかな管理下に置いて、将来をつくっていきます。ビジョンのあるのとないのとでは将来は大きく変わっていきます。ビジョンは願望のように具体的な対象をもってはいません。人生の全体の有りようの見解ですが、人びとの描くビジョンはどれもよいビジョンとはかぎらず、また、よいビジョンのようでありながら実質はよくないビジョンもあります。よくないビジョンをもってしまったならどのように対処するかについても述べます。

第四章　想念について

いまあなたが勤め人ならば、学生時代のある時期に「自分はどこかの会社に勤めることになるだろう」と思っていたからです。そして、十五年が経ったいま、「自分はいずれこの会社を辞めて、自分の会社を起こすだろう」と思っているならば、そのようになるでしょう。いまあなたが職業をもっている未婚の女性ならば、「あたしは結婚して母親になるだろう。仕事はつづけていくだろう」と思っているならば、そのようになるでしょう。

このように、期待ではなく、希望でもなく、理想でもない将来の自分の姿を、まるで他《ひ》人事《とごと》のように客観視して、それが真実であると思うことを、わたしは〝想念〟と呼んでいます。いわば『そうなるのが当たり前』の感覚です。わたしたちは、自分の将来を自分の想念によって、刻々とつくっています。

想念は、自分の未来についての予想、予知、予測、先見、思念のいずれでもなく、目標、企画、計画でもありません。人は、想念をいだいても、具体的なイメージを描かず、像はあっても漠然としていて、あたかも宙に浮いた大きな球のような感じしかもちえませんが、明日になったらまた太陽が昇るのを少しも疑わないのと同様に、あたかも既定の事柄のように想念をいだいています。

想念の内容は、将来の職業や生活だけでなく、人生の全体についてもいだかれます。「自分はいい人生を送るだろう」「いつも何かの楽しみのある日々を過ごすことになるだろう」「困難はあるだろうが、うまくいくだろう」などの想念をいだいていれば、たとえ天変地異や社会の大混乱があっても、その人だけはそのようになっていきます。ネガティブな想念も、また現実になります。「一生、カネに苦労するだろう」「病弱な体質は変わらないだろう」「結婚の相手は見つからないだろう」なども、そのようになります。「トシをとったら寂しくなるだろう」と思っていれば、子たちは、心情的にも物理的にも離れていき、心底から打ち込みたい活動をもてず、訪れる人はなく、人びとからは無視される日々となります。「自分は人の面倒見が多くなるだろう」という想念であれば、配偶者、親、兄弟、息子、娘が、つぎつぎとぶら下がってくる体験をすることになります。ニュートラル（中性、中立）な想念も同様です。「可もなく不可もない人生だろう」と思っていれば、物心ともにそのようになりますが、大過も感動もない将来となります。想念のタイプがどのようであれ、想念は外部世界の条件を想念の実現化にむかって着実に整えていきます。

想念の実現性がいちじるしく高いのは、想念が自然発生的にいだかれたものだからです。はっきりした原因や動機は自分でもわかりません。想念があらわれた時期も明確ではありません。想念の形成にはその人のさまざまの経験、世の中の見方、人物や物事に対する印象、育った環境、衝撃を受けた出来事などが関与していると思われます。それらが入り混じって、想念の原材料になったのでしょう。

想念を意識の観点からみれば、これほど素直な意識はありません。素直さ、換言すれば、純粋さは、どんなに強固な信念がもつパワーよりも勝っています。「自分は社長になるだろう」という想念の人と「何が何でも社長になるぞ」という信念の人では、実現に費やす労力に雲泥の差があります。想念の人は、自動的になってしまいますが、信念の人は、多くの苦労を味わいます。しかし、社長になったときの感動は想念の人には起こりません。むろん、わるい気はしませんが、「なるようになった」にすぎないのですから。信念の人は深い感動をおぼえるでしょう。「幾多の困難を乗り越えて、ついに到達した」のですから。

「自分は社長になるだろう」という想念は、ただ「社長」になるというだけであれば、いま所属している会社の社長なのか、ヘッド・ハンティングされてどこかの会社の社長になるか、自分が起業して社長になるのかはわかりませんが、社長になることだけは確実です。いま自分が所属している会社の社長という想念であればそのようになります。金銭の生活についてならば、いまはお金がじゅうぶんになくても、何かの拍子に「これからはお金に困ることはないだろう」という想念が生じると、お金持ちになる、そこそこの暮らしができる、お金のことは考えないで済まされるなどの将来を体験することになります。立派な住宅にくつろぐ自分が想念に組み込まれているならば、そのようになり、上等のスーツを着た自分が組み込まれているならば、そのようになります。しかし、そのような将来がやってきても、本人には特別な感興は起こりません。

人の想念の漠としたさまをいろいろな台詞《せりふ》をもって表現しましたが、じっさいに言葉どおりの具体的なものもあれば、単にシンボルになっているものもあります。映像の一コマであったり、一つの名詞であったり、一場の光景であったりもします。人によっては、もっと抽象的なシンボルがもたれているでしょう。ポジティブなものとしては、広がる緑の大地、温かい空気、大きな白い球などです。ネガティブなものでは、荒涼とした大地、湿った灰色の空気、たくさんの三角形などです。

想念は、自分の意思とは無縁です。本人たちは、あたかも第三者のもののように思っています。ここが信念、思念、思考と大きく異なるところです。

ポジティブなよい想念が実現したからといって、ことさらの感激も感動もないのは、必然の感じだからです。それはネガティブな場合も同様で、よくない想念が実現しても、大きなショックは受けません。「トシをとったら寂しくなるだろう」と思っていれば、そのようになって当たり前であり、本人も抵抗なく受け入れます。「これからも苦労が絶えないだろう」と思っていれば、十年後二十年後も、相変わらず苦労していますが、何の感想もありません。このような必然性について、むかしから語り継がれている箴言があります——「人は思うような人間になる」と。

挿話

印象と残像によって発生した想念が、どのような未来をつくったのかを知るうえで、想念の発生の契機と原因が比較的明瞭な例を見てみます。

人びとの貧富の差が大きい戦前の東京での事です。寒村から上京して、植木職人となった人がいました。職人といっても、親方から仕事を回してもらう貧しい下請けでした。その人の息子は、まだ小学校の低学年でしたが、日曜日には、お屋敷の庭の手入れをする父親の仕事を手伝っていました。息子は、手伝うのが少しも苦ではありませんでした。むしろ、つれていってもらうのをせがんだくらいです。かれは、お屋敷の建物や、庭の造りの美に魅せられていたのです。あるお屋敷では、庭に大きな池があってボートが浮き、ボートは、母屋と離れ座敷をつなぐ渡り廊下の下をくぐることもできます。また、別のお屋敷では、絵本で見たヨーロッパの貴族が住んでいるような洋館の長い窓の並びと庭のヒマラヤ杉との調和に、心を奪われました。びっしりと敷きつめられた緑の芝生の奥には、大きな黒い石がうずくまり、庭の片隅には、中国からのものらしい彩色された陶器の腰掛けが置かれ、それらの鮮やかな色彩と芝生の緑の対照に驚かされました。

どのお屋敷に行っても、建物の中には入れないし、父親からは部屋の中に目をむけることを、堅く禁じられていました。トイレは、どのお屋敷でも、かならず家屋の外にも設えられていたので、かれらはそれを使わせてもらっていました。ただ、昼食時と三時の中休みに、差し出されたお茶の器を返しにいく台所だけは、ちらっと覗き見ることができました。

広い台所には、女中さんが二、三人いて、真ん中に大きなテーブルが置かれ、壁際には、かれが理解できない装置や機器が設置されていました。天井は高く、採光がいいのがひどく印象的でした。ベルの音が鳴って、女中さんが見上げた額縁には、いくつもの電球が並んでいて、その一つが赤く点灯します。女中さんは急いで台所から出ていきます。

稀にですが、お屋敷の主の威厳のある態度、家族たちの上品な立ち居振る舞いを目にし、優雅な言葉遣いを耳にすると、住む人たちとお屋敷がなんとなく調和がとれているようにかれには感じ取れました。

ある日、かれはお屋敷での作業中に、誤って剪定鋏で指先を傷つけてしまいました。たまたまお屋敷の奥様が見ていて、すぐに救急箱から薬と包帯を取り出し、傷の手当てをしてくれました。その時の奥様の、しなやかで透き通るような指先の動きと、襟元からほんのりと漏れてくるなんともいえないいい香りに幻惑され、のぼせあがってしまいました。かれは、父親からこっぴどく叱られ、以後、お屋敷の手伝いにはつれていかれなくなりました。

五十年後、造園会社の経営者として成功をおさめたかれは、箱根に広大な屋敷を造りました。むかし、お屋敷にうかがったころは、かれはほんの子どもだったので、「このようなすばらしい建物があり、美しい庭があり、すてきな人たちがいる」としか思っていませんでした。計算や推測が入り込む余地がまったくなかったのです。純粋な事実だけが強い印象となり、かれは、何の疑念もなく受け入れました。印象は、いだかれつづけることで、想念となり、かれの運命をつくっていきました。純粋性は偉大な力です。それが五十年後の将来をもたらしました。

かれと懇意にしている建築士の話によると、かれは、屋敷の設計には熱心に興味を示し、細かいところまでいろいろと注文をつけましたが、完成すると、人を招いて披露するでもなく、感嘆する来客に屋敷内のあちらこちらを案内するでもなく、もう何年もそこに住んでいるような雰囲気だったそうです。

現代の人びとが無力感に沈むことの多いのは、感動しても、つぎの瞬間には計算と思惑が鎌首をもたげ、感動を打ち消してしまうからです。そうではなく、物事の可能性を予測したり、値踏みしたりする思考とは無縁のままで感動をもちつづけ、そこからよい想念が芽生えれば、早晩、具体となってあらわれます。

このように、幼少時の貧困、病弱、環境の劣悪さなどの経験は、かならずしも想念の形成の上でマイナスに働くとはかぎりません。貧しい家に生まれても一代で財を成した資産家たちのなかには、造園家の例のように裕福の雰囲気への感応が強かった人たちがいます。病弱な子が、たまたま近所のおじさんから、「なぁに、おとなになれば頑丈になるさ」と言われたために、健康への必然を思ってしまい、じっさいに丈夫になります。夫婦仲のわるい親たちのもとで成長した子は「自分は結婚するなら、よい結婚をするだろう」と、理屈なしに想念ができあがってしまうことがあります。幼少時は、純粋性が高いので、その年代に発生した想念は、成人後に大きく影響します。しかし、ネガティブな想念も同様ですから、幼い子にむかって不用意な言い方は慎まなければなりません。

物心がつくころに、精神的に大きな苦痛、懊悩、葛藤を体験したり、肉体的に障害をもって生まれてきたりした人が、自力で苦難を越える体験をすると、苦難は乗り越えられるものだということを、身をもって知り、ポジティブな想念が醸成される可能性が大いにあります。大人たちが子どもの辛苦を見るに忍びなくても、子の魂を、慈愛をもって見守ることがたいせつです。とかく大人は単純な憶測に走り、そこからあれこれと思いをめぐらして気分が暗くなっていくのは、子にも自分にもけっしてよい影響はありません。親は子の運気を信頼し、力いっぱい自分の息を吹き込むべきです。その息を吸って子は苦難に立ち向かう力をもち、未来を切り開いていきます。

よくない想念の発生防止には、いままで自分に吹き込まれたネガティブな言葉や思考の放棄からはじめるといいでしょう。「食べていくのに苦労する」「自分には無理だ」「病気になったらたいへんだ」。これらは、真実かもしれませんが、真実でないかもしれないので、いったん白紙にもどします。繰り返し述べますが、日ごろからネガティブな報道や情報には深入りしないことです。思いきって一週間は、テレビ、新聞、雑誌に接触しなければ、明らかに気分がちがうのを経験できます。好奇心に逆らうのは簡単ではないでしょうが、わたしたちは、自分で自分の心を良好に保っていかねばなりません。何気ない会話にも気をつけましょう。お金の不足や、病気の怖さを好んで話題にする人とは距離を置いて付き合うべきです。話題がもち出されたら、こちらからそれとなく切り換えるようにします。自分の内部世界は、できるだけ健やかで穏やかな状態を保っておくことが大事です。

もしも、よくない想念に気がついたならば、無理に打ち消そうとしてはなりません。反動でますます強化されてしまいます。気がついただけでも大きな収穫です。その想念には何も働きかけずに、放っておきます。漠とした想念であっても、心のなかで見つめて、「好ましくはないが、自分の描いたものだ。しかたがない」と認めて、それでおしまいにします。

想念は、意思によって発現させることはできないので、自然にまかすしかありません。よい想念を湧出させるためにできることといっては、湧出に好作用があると思われそうなものには意識的に接触することとくらいです。同時に、よくない想念に加担しそうなものからは、離れることでしょう。だれでも、一日のうちに自由裁量の時間をもっているのですから、その時間をどのように使うかが問題になります。美しいもの、豊かなもの、調和しているもの、前進するもの、忍耐強いものを見聞きし、醜いもの、乏しいもの、騒がしいもの、後ろ向きのもの、脆弱なものにはできるだけ感覚器官を触れさせないようにすることで、現在の時を楽しいものにするだけでなく、自分の内部世界をいつも良好な状態に保てます。

「人は、思うような人間になる」

第五章　願望について

人は、現在の環境と条件に満ち足らなく思うとき、願望をいだきます。願望は想念とは異なり、自主的に自分の将来を描きます。環境なり条件なりを自力で変えようとする営みです。願望をいだくことは、それ自体が気力であり、駆動力であり、エネルギーです。

願望の実現、あるいは成就のためには、「自力がすべて」とするので、願望の中身がどんなレベルや性質のものであろうと、荒唐無稽な望みではないことは確かです。願望は、射程圏内にあるからまさしく願望なのです。人間は、緻密な計算をした結果、実現できそうだから願望をいだくのではなく、実現可能の直感があって、願望をいだきます。人間は、実現できないと思う事柄に対しては、願望をもちません。願望の対象さえ思いつかないでしょう。

願望と似た言葉に〝願い〟があります。この本では、願いを〝自分の望むものを他者に乞うこと〟という意味に扱っています。他者とは、神仏であり、運であり、特定の人物です。願いの成就のためには、ただひたすら願うほかありませんが、願いが成就しないことが多いのは、願う人の心のどこかに『叶えられそうもない』という思いがあるからです。『願うだけで成就するなんて、虫がよすぎる』と。願いの叶いにはいかなる前提も条件も必要としないのに、人は心の中で商取引のような思考を働かせます。このような純粋性に欠ける願いには力がありません。願う人に代わって、神官や巫女が願う場合に成就しやすいのは、叶いを信じている専門家であり、また、自分の事ではないので雑念がなく、願いに純粋性が保たれているからです。

*願望をもつ人は、努力を厭いませんが、努力が報われる保証はないことも認めています。運にたよらず、「運も実力のうち」と考え、実現の可否は、あくまで自分しだいと思っています。

どんなに意欲旺盛な人でも、一生のうちに十も二十も願望をもつ機会はないでしょう。人生の大きな節目にさしかかったときが願望の仕込みの時期であり、明瞭に自覚されます。

＊「願望をもつ」と「願望する」のとではまったくちがいます。前者は、願望と自分がむきあっていて、互いに別のものです。後者は自分の一方的な情態をあらわしているにすぎません。この言葉の相違をしっかりと認識することが、願望の実現の可否を決定します。

同じような願望をもっても、実現する人と、しない人がいます。これはどういうことでしょうか。願望をもっているときの心の態度にちがいがあります。実現する人は、真剣である、実現を焦らない、準備する事があれば怠りません。さらに、もう一つ大事な心の態度がみられます。願望をいだいた現場に対しての感謝です。現在の環境と条件から脱出する、または、環境と条件を変える願望ならば、現在の環境と条件に感謝の念をもつことです。転職の願望をもっているならば、現在の職場に強い不満があっても、そこから飛び立つのですから、現在の職場に感謝しなければなりません。その職場がなければ、願望自体が生まれてこなかったからです。転居の願望も同様で、現在の住居がどんなに劣悪な住環境であっても、そこは雨露をしのがせてくれ、酷寒酷暑から守ってくれています。感謝の念をもって起居しなければなりません。感謝の有無は、願望の実現の可否、タイミング、実現後の運行の良し悪しに大きく影響します。願望は、実現以上に実現後が、重要なのです。脱サラの願望をもって起業するのは比較的簡単ですが、そのあとの経営がどうなるかが、真の願望の実現です。結婚の願望についても同様です。結婚はできても、生涯にわたって幸福な結婚でなければ意味がないでしょう。

実現には、長い年月を経なければならない願望があります。願望者は実現が熟成していく過程でさまざまな経験をしますが、ここでも注意すべき事がいくつかあります。願望は胎児であり、妊婦は慎重に行動しなければなりません。実現の方法については研究者たちのあいだでほぼ一致をみていますが、細部では異なった点があるので併記しておきます。どちらが自分に適しているかを考えたうえで選んでください。以下は、願望をもったあとの留意事項です。

1．沈黙を守る

願望の実現のためには、絶対といっていいほどの自分に対する約束事があります。それは、沈黙を守るということです。願望をいだいているあなたは、願望を他人に漏らしてはなりません。ほのめかしてもなりません。さとられることさえ、用心しなければなりません。他人とは、家族、親友、恩師も含みます。つまり、あなた以外のすべての人たちです。あなたの願望は極秘中の極秘です。ただし、あなたが起業を願望としていて、共同経営者になる人がいる場合、共同経営者は唯一の例外ですが、あらかじめ守秘を確認し合ったあと、同意を貫けない人物ならば、パートナーシップを即刻解除すべきです。

なぜ他人にしゃべってはいけないのでしょうか。実現へのエネルギーが霧散してしまうからです。まだ実現の過程であるにもかかわらず、しゃべってしまえば、圧の抜かれたエネルギーは、口を解かれたゴム風船のように目的もなく四方八方に散ってしまい、実現の力はしぼんでしまいます。

願望は、体内の閉ざされた空間の中でじっくりと発酵させてこそ実現します。発酵によって生じたエネルギーは沈黙の圧をかけられ、エネルギーの波動は細かくされます。波動は、願望者の思考の範囲をはるかに超えて、驚くべき精緻さをもって実現の要件をみたすために外部世界に放たれます。波動は、願望の実現のために、必要な人にめぐり会わせ、入用な金銭を調達させ、適切な時と場所を用意してくれます。人は、このような必然を必然とは解釈しないで、僥倖とか、シンクロニシティー（意味のある偶然の一致）とか、運の強さとか呼んでいます。

挿話

ある女性が、かねてから彼女に好意を寄せていた青年と付き合うようになりました。彼女もかれの好意をうれしく思っています。半年が経過したある日のこと、彼女は、かれが仕事についての将来の夢を熱っぽく語るのをきいて、ほかの若者にはみられない、ヤル気満々の頼もしい男性だと感じました。

いっぽう、女性に自分の願望を洗いざらしに告白したかれは、家に帰る道すがら、何かしら気の抜けた感じをおぼえます。自分の部屋にもどると、急に脱力感に襲われ、しばらくは動けませんでした。

二人はそれからも何度か会いましたが、彼女の目に映るかれは、夢の実現にむかって励む様子はなく、あの時のような情熱をもって挑戦する青年とは別人のようです。彼女はあの時の語りはうそだったのかと騙されたような気がして、失望し、別れを告げました。

かれは、虚言を吐いたのではありません。真実を語ったのです。まさに真実であったからこそ、しぼんでしまったのです。かれはしゃべらずにはいられませんでした。大事な願望を彼女にだけ打ち明けることによって、彼女の信頼をえて、彼女との絆を強めたかったのです。しかし、ほんとうは、本人も気がついていない別の理由があります（後述）。

他者に口外すると実現しない理由については、一説には「言葉で実現させてしまったことになり、現実世界では実現の必要がなくなったからだ」という指摘があります。他者にむかって語るとはいえ、自分で自分の言葉を外部世界で聞くのですから、願望のエネルギーは実現したと解釈し、この時点で実現は用済みとなってしまうという見解です。

また、自分から打ち明ける気持ちがなくても、善意の誘惑にのってしまう錯誤があります。あなたを愛する人、あなたを支援する人、あなたに恩義を感じている人が、あなたのために尽力しようとして、あなたの願望をききだそうとしても、あなたは沈黙を守り通さねばなりません。願望は、あなたただ独りの力によって実現されるのです。実現する過程で援助者が出現するでしょうが、たぶん、あなたと深い関係にない人です。その人は、あなたの願望を知らず、手助けの意識もなく、結果として実現に協力することになります。沈黙を守るあなたの願望のエネルギーがその人を呼び寄せたのです。

願望にかぎらず、人は、他人の秘密を知りたがります。秘密とまではいかなくても、表沙汰《おもてざた》にしたくない事を聞きたがります。そこで、あからさまに問えないので、鎌を掛けたり、呼び水を注いだりして、聞き出そうとします。それでも乗ってこないと、自分のほうから秘密を打ち明け、その交換に相手も明かすように迫ります。このような場合でも、当たり障りのない事をあたかも自分の秘密のようにして明かして、身をかわすべきです。願望の重みは、願望者自身のものであって、他人にとっては単に好奇の対象以外の何ものでもありません。

沈黙を守ることが容易ではないのは、孤独に耐えるのがむずかしいからです。孤独を恐れる人、孤独を嫌う人、孤独の良さを知らない人は、願望にはむいていないでしょう。気まぐれから願望をいだいても、孤独に耐えられず、すぐに他人にしゃべってしまいます。現代は何でも言える時代であり、付き合いの機会が多く、気軽な会話をいつでもどこでも楽しめる場があります。世の風潮も、話し合い、意見交換、自己表現が推奨されています。

このような環境にあって、自分の希求を語らずにいることには、かなりの我慢を要します。しかし、願望は、孤独のうちでこそ実現されます。あの青年は孤独に耐えられなかったのです。

2. 視覚化

イギリスで発祥し、アメリカで発達した願望実現の方法では、おおよそつぎのように教えています。「願望をもったら、実現したときの光景を、ありありと細部まで想像し、自分を喜びの感情で満たす。そして、その想像上の幸せな情景のなかに、かならず自分を登場させる」と。たとえば、別荘をもつという願望をいだいたならば、望ましい自然の風景のなかに、好みの建物の外観と庭を想像します。それから、建物の内部の間取りを描き、それぞれの部屋の装飾を選びます。カーテン、カーペット、家具、照明器具、絵画、置物、鏡、壁紙、天井の造りなどを決めます。玄関、ベランダ、台所、風呂場、物置を設計します。庭の植木、草花、庭石の種類と配置を選定し、各部分をできるだけ細部にわたって具体的に想定します。そのうえで、別荘生活を楽しむ自分を想像します——自分は、ベランダに置かれた木製の白い椅子にゆったりと腰掛けて、青々とした芝生が広がる庭で、妻と子たちが無心に戯れているのを眺めている。まだよちよち歩きの子が、自分に抱っこをせがんで、両手を差し出しながらやってくる。笑顔がかわいい……。このような情景を、あたかも現実であるかのように体感します。非常にリアリティーのある想像は、現実とほとんど区別がなくなります。この方法は、ビジュアライゼーション（視覚化）といわれています。

この方法では、視覚化の鮮明度が高まるほど、実現度は高まるとされ、想像力の強い人ほど有利になるとされています。別荘への想像力を強化するために、住宅雑誌の写真を見つめ、インテリアのカタログを眺め、じっさいに、各地の別荘地に出向いて候補となる土地と実在の建物を参考にします。その際、憧れとして見るのではなく、いつでも手に入れることができる物件として視察します。この心の態度が必要とされます。したがって、入手するのにいくら掛かるかなどの、金銭の勘定や相場の思惑は、いっさい思考外としなければなりません。算段をはじめたとたん、願望ではなくなり、購入計画となってしまい、頓挫は明白です。「この地に別荘をもつ」というリアリティーのある想像と、いつでも手に入れようと思えば手に入る現実感がたいせつです。

ところが、わたしが会ったわが国の願望実現者たちの六人は、一様に「視覚化はしたが、細部の描写はしなかった」と答えています。理由として「細部は神にまかせた」「細部にのめり込んで全体を見失いたくなかった」「肝心要だけでよかった」「細部は、むしろ、楽しみとして取っておきたかった」「想像力が働かなかった」「想像力を制止した」と言っています。この人たちは本質だけを見据えていたのでしょう。また、欧米法と異なっている点として、「想像しても感情移入が起こったり、興奮したりするようなことはなかった」とも回想しています（この点は想念に似ています）。また、特に注目すべき語りがありました、「実現は、理屈のうえではたいへんむずかしかったが、むずかしいとは思わなかったのが不思議だった」（この点も想念に似ています）。

ビジュアライゼーションについては、欧米流はホットでコレクト、日本流ではクールでアバウトです。どちらが効果的なのかは断定できませんが、自分に適合した方法を選べばいいでしょう。この流儀のちがいは、おそらく両国の文化のちがいではないかと、わたしは思っています。現代のわが国では、欧米の文化が浸透してきているので、若い人にかぎらず、欧米流が適しているかもしれません。いずれにせよ、願望の対象を大事に扱い、しっかりと見据えることが要諦となります。

願望が実現したとき、本質は同じでも、ちがったかたちをとることがあります。その二つの例を見てみましょう。

その人は、子どものころから故障した器具を修理するのが好きでした。原因を突きとめ、修復の方法を考え、手順を工夫するのがおもしろかったのです。高校に進学するころには、壊れた人間の体を修繕することに興味をもち、医者になる願望をいだきました。しかし、母子家庭の生活は苦しく、断念せざるをえませんでした。それでも、奨学金とアルバイトで大学を卒業し、工作機械のメーカーに就職します。たまたま、その会社にコンサルタントとして指導に来ていた人が、かれの資質を見抜いて、コンサルタントになるのを希望するなら、経営相談所の職を紹介すると言ってくれました。いまでは、かれは技術開発の専門家としてのみならず、経営管理技術から経営哲学までも包括したゼネラル・コンサルタントとして大成し、経営者たちの信頼を集めています。かれは医者にはなれませんでしたが、企業のホーム・ドクターになったのです。

また、ある青年の願望は結婚することでしたが、妻となる女性には専業主婦となってほしいと思っていました。ところが、じっさいに結婚した女性は雑誌記者で、すぐれた能力の持ち主です。かれは、仕事をつづけていく意思をもった女性になぜ求婚したのか、理由や動機は自身でもわかりませんでした。彼女のほうは、結婚しても職をつづけていくには専業主婦以上の努力をしなければならないという信念のもとで結婚に踏み切りました。十年が経ったいまでは、彼女は仕事をつづけながらも、かれを支え、二人の子を育て、温かい家庭を築いています。かれは家族に愛され、満ち足りた気分で毎日をすごしています。かれにとって彼女が語る仕事の話は興味深く、自身の仕事にも益するところが多々あります。かれが、妻になる女性に専業主婦を希望した本質は、温かい家庭だったのでしょう。

かれはいま、彼女と結婚したことを幸運であったと思っています。

人は願望をもった時点で、いちどは願望について自分の真意を確認しなければなりません。転職の願望をもったならば、いまの会社が自分を評価しないからなのか、それとも、仕事の幅をもっと広げたいからなのか、会社の先行きが不安なのか、願望の動機を冷徹に見つめなければなりません。ミュージシャンになる願望なら、華やかな舞台で脚光を浴びたいからなのか、好きなことをして高収入を得たいからなのか、音楽が心底好きだからなのかを見極めなければなりません。結婚して専業主婦になる願望をもった女性なら、自分は家事と育児が好きだからなのか、働かないで生きていけるからなのか、愛する人といっしょに暮らしたいからなのか、みんなが結婚するから結婚したいのか、それともこれらの複合なのかを自分の願望に体裁をつけずに、自分の真意を探らなければなりません。探った結果が、三食＋昼寝＋テレビの安楽さや、将来の不安の解消など、実利が目的であってもかまわないのです。いまだに根強い男尊女卑という社会的に不利なポジショニングに置かれている女性であるからには願望の動機としては何の問題もありません。ただ、素直な自認がたいせつです。結婚してラクをしたい、安心したいと素直に認める女性は、概して良い主婦になります。夫の苦労が多少とも理解できるからです。夫の苦労を真に理解しようとする妻ならば、結婚の動機が何であれ、夫婦の愛は年を重ねるごとに深まっていきます。ホンネはラクをしたいのに自分の真意を偽って、自分にむかって温かい家庭をつくるなどと格好のよい宣言をして、心のかたちだけを整えても長つづきしません。願望は、素直さの自己完結であってこそ、実現の力をもち、実現したあとも生活の運行は良い方向を取りつづけます。

3. 実現のプロセスは予見できない

願望は、人間の知能で構成していくプロジェクトとまったく異なって、どのようなプロセスを踏んで実現するのかはわかりません。プロジェクトは創造性の要素が含有されているとはいえ、既知の要素がベースになって展開される活動なので、予見は可能です。願望は自分の未知の将来に乗り出す活動です。事例はほとんど参考になりません（したがって、実現後の予見もできません）。どのようにして実現されるのかわからないので、あれこれと想像したくなるでしょうが、プロセスに関心をもつことは、願望の実現にとってはマイナスの働きにしかならないので注意してください。意識は実現一本に絞るべきです。プロセスは願望者にとっては無縁の事です。

願望をもったら、実現したあとに必要となる事柄についてはすぐに着手すべきです。結婚の願望をもった女性は、相手がまだ見つからなくても、家計、家事、育児をはじめ、家政全般にわたって習得をはじめなければなりません。自分の会社を立ち上げたいのなら、業務に精通することはもちろん、資金繰りに万全を期すために金融事情を調べ、候補の金融機関に対してはいますぐ預金取引を開始することです。実現後の状態が不具合になってしまっては、何のための願望だったのでしょう。実現後のための準備は、次の節で述べる〝仮定実現〟の意味も含んでいます。

　準備の過程で、願望者は既成の人間関係に加えて、新たな知己をえる機会があるでしょう。そのような人たちから、思いがけないよい提案や紹介がなされる幸運を受けますが、この『思いがけない』も、願望者の知らないところで願望のエネルギーが働いていることを示しています。本人は「ラッキーだ」としか解釈していませんが。

　願望を下腹の奥底にしまい込んだら、あとは、頻繁に取り出さないようにします。自分の願望がここにあるという自覚だけでいいのです。自覚があると、どんな困難にも耐えられ、生きる意欲が高まり、いつも気にかかる煩瑣な人間関係から、煩瑣なが取れて、人間関係の事実のみが残るようになります。生活態度も変わるでしょう。願望の実現と実現後の活動のために体調の維持に努め、節制は苦もなく実行できます。

　願望の内容を、いつも想像したり、期待したりしていると、為すべき日々の仕事がおろそかになり、現実から逃避的になるおそれがあります。願望者は、目の前にある仕事に対して、これまで以上に励まなければなりません。ほどなく、願望をいだいている自覚はあるものの、実現への希求感はうすらいでいきます。時として願望自体を忘れるときさえあります。それはとりもなおさず、実現が間近な兆しです。

注意したいのは、願望が目標に、実現が達成に転位してしまう危険です。早く実現させたいために心に焦りが生じると、願望はいつの間にか目標をもったプロジェクトになってしまいます。目標を達成しようとすると、思惑や算段が主導的になります。結婚の願望をもった女性が、「三十歳までに、次男の男性と結婚する」、転職の願望者が、「三十五歳までに、給与が二〇パーセント増の会社に移る」、出世願望の社員が、「四十歳には部長になる」などのように、期限や数値を定めた目標を願望に組み込むと、願望はもはや願望でなくなり、願望特有の実現のプロセスは作動しません。けれども、願望の実現でなく、目標の達成のほうが性に合う人もいますから、それはそれで方法がありますから、切り換えるのがいいでしょう。成功哲学や自己啓発によって達成は可能です。もちろん、研鑽と練磨に専心しなければなりません。

4．仮定実現

実現の方法の一つに、「願望をもったら、すでに実現しているかのように振舞え」という教えがあります。心と体で、実現状態を先取りしてしまうわけです。きわめて意識的に演技をするといっていいでしょう。実現状態を潜在意識に植え付ける営みです。「お金に困らない暮らし」が願望であれば、裕福な人の真似をします。お金に困っていても、困っている顔をしない、お金の不足や欠乏を話題にしない、お金についての情報を見聞きしても感情的に反応しないなどの態度を保ちます。まわりの人たちが、お金にまつわる事件で騒いでも、関心を示さないようにするだけでなく、関心をもたないように自分を訓練します。裕福な人はおっとりとしていて、物腰がやわらかいので、そのように上手にお芝居をします。会話では、しゃべりすぎず、言葉遣いは下品に落ちないように言葉を選びながらゆっくりと話します。車を運転するときもロールスロイスの走りのように、優雅に走るように心がけます。

何事にも我先には貧乏な人や教養のない人にありがちな行動です。特にゆずるということは余裕ですから、お金はなくても余裕はもてます。来るべきお金の余裕のために態度の余裕を先行させます。身なりは質素でも、清潔で、着振りに乱れがなく、立ち居振る舞いと雰囲気は裕福な人であることを心がけます。迫真の演技は、意識がそのつもりにならなければならないので、意識を根本から変えます。

これらの裕福の演技をつづけていくうちに、裕福になろうがなるまいが、先行きについての関心が遠のいていきます。演技をはじめてもすぐに金銭的な変化はあらわれませんが、ほほ笑むと気分が和むように気分は変わります。人間関係にも変化があらわれてきて、日々の生活がすごしやすくなっていきます。おそらく、数年後にはよい環境への移行が運命によって用意されるでしょう。

裕福な人たちに憧れているばかりでは裕福との距離は縮まりません。裕福な人の雰囲気がつかみにくいならば、一流のホテルに行って、ロビーの椅子にくつろぎながら、人びとを観察してみるのもいいでしょう。人間だけでなく、インテリアや窓の先に広がる庭を眺めます。それらを「自分は、いつでもここに泊まろうと思えば泊まれる」と感じられるように、意識を深めます。じっさいに、現在でも一泊くらいなら可能なのですから。豊富、優美、品位、重厚、上質、余裕、教養、清潔、秩序など、裕福の属性に対して気後れしなくなり、自分のものになっていきます。気後れする人は、大金が転がり込んできても思慮なく費消してしまい、ほどなく無一文になってしまいます。

ホテルのドアマンやウェイターに対しては、ゆめゆめ頭を下げたり、腰をかがめたりしてはなりません。堂々としているべきです。それは、ホテルで働く人たちのためでもあります。その人たちは、一流のホテルの従業員であることに誇りをもっています。自分たちの所属するホテルが一流ならば、お客もまた第一級の人物であることを望んでいます。そのお客に対して、最大級の敬意と感謝を表明するのがその人たちの仕事だからです。それに応えるべきです。

仮定実現は、真似ですが、自己欺瞞とは異なります。幻想ともちがいます。自覚的な自己へのしつけです。わたしたちは、子どものころから、大人を真似て育ってきました。大人のいろいろな言動を見聞きして、『あのしぐさはいいな』『いい言葉だな』『格好がいいな』と思って真似してきました。就職してからも、上役の言葉遣いや応対の態度を知って、真似ています。あなたは、映画でおぼえたヤクザ風の言葉で人に圧力をかけたことがありませんか。その同じあなたが紳士の言葉で女性にアプローチしませんでしたか。このような真似事は実用的でさえあります。その言葉をしゃべる自分は、しゃべっているあいだはその人物になりきっています。

物腰や言葉遣い、服装の好み、持ち物まで、わたしたちは人生の先輩たちを真似てきました。おそらく、考え方まで真似ているでしょう。もし、貧困から身を立てて裕福になった人と面談する機会があれば、富についての考え方と扱い方をきいてみてください。わたしたちは、ほんとうのところは個性的ではなく、先輩たちからいろいろなジャンルの真似の材料を選択して自分を仕立てています。ある芸術評論家は「真に創造的な作品などない」と語っています。人間についても同じように真に個性的な人間はいないでしょう。

他方、仮定実現の方法については、反論もあります。「裕福でもないのに、裕福な人を演じれば、自分が惨めな思いをするだけだ」と。仮定実現をそのように感じるのであれば、やめるべきでしょう。ただし、自分を見る見方によってはかならずしも惨めとは判定できません。他人との比較なしに、自分の部屋の中にある物を一つ一つ数え、自分の受けた数かずの教育を思い起こし、一年に千回を超える食事をしてきたその量と質を考えれば、「自分は裕福ではないが、貧困でもない」と思ってもおかしくなく、そのような人には仮定実現は依然として有効でしょう。真似しながらも向上しようという気力だけでも、裕福になる素地ができてきます。暗い気分のままでいるよりも、裕福の気分を遊ぶ余裕があってもいいでしょう。仮定実現の方法は、実現の可否とは関係なくてもムダにはなりません。外国ではこうして裕福になった人もいます。その人は、財布の中の十ドル札をいつも百ドル札と思っていたし、預金通帳の残高の印字を一桁多く勘定していました。

最後にもういちど繰り返します。心底からいだかれた願望であれば、その実現は射程圏内にあります。沈黙を守り、自分に適した方法で実現してください。

沈黙の孤独に耐えられなければ、願望は実現しない

第六章　ビジョンについて

自分の将来を決めるもっとも強力な働きをするのは想念ですが、想念は意思の支配下にない将来像です。願望は意思による将来像で、意思どおりの実現という顕著な変化を経験します。この二つは新しいステージに上がるといっていいでしょう。このほかに、ステージの基本は変わらなくても、自分の将来像に自分を誘導していく働きをもつものにビジョンがあります。ビジョンは、自分はこのようになるであろう、と明瞭に自覚し、自分を誘導していきます。

ビジョンVISIONは、一般には視覚、心に描く像、未来像を意味しています。ここではビジョンを〝予見的な自分の将来像〟と解釈してください。予見には将来像のための行動を伴うことがありますが、行動しないという行動も含みます。行動は自覚の強さによります。自覚が強いと行動は積極的になります。ビジョンの内容は、願望のようにプラスのものばかりではなく、想念のようにマイナスのものもあります。

挿話

わたしの知人に初老の婦人がいます。彼女は、いつも明るく、同性異性を問わず、だれもが魅了されるすばらしい笑顔の持ち主です。会って驚くのは、体、肌、声、精神、雰囲気のすべてが若いのです。彼女のご主人は、小さな商店の経理と税理を診る会計士で、彼女は、息子と娘が家を出てからは、マンションの一室で子どもたちに書道を教えはじめました。いまでは、彼女の人柄と教え方の巧みさにひかれて、大人たちまでが彼女のもとに通うようになっています。

ある日、わたしはご主人に「奥さまはどうしてあんなに明るくてお若いのですか」ときました。かれは苦笑して「バアさんになっても、まだ子供なのでしょう」と答えましたが、ちょっと考えてから「このあいだ、彼女はヘンなことを言ったのですよ。『あたし、生まれてからお金というものに困ったことがないの』ってね。稼ぎの少ないこっちは、ギクッとしましたね。皮肉を言われているのかと思ったのですが……」。

そのご夫婦は、子たちの教育費が必要になれば、住環境が不十分でも、家賃が安い借間に移り、余裕が出来た段階で、無理なく小さな部屋を買い、家具を処分して、狭いスペースを広く使いました。物はできるだけ持たず、装いも最小限にとどめたようです。けれども、家族旅行、外食、友との付き合い、習い事にはこれまでどおりにお金は使ってきたようで、財源は彼女が働いていたころに貯めていたお金と授業料の収入でした。

つい先日、わたしはご主人に会ったとき、近々引っ越すと告げられました。都心部の高層マンションで、わたしは広告を見た記憶がありますが、どの部屋もかなりの高額です。かれは「家内と子どもたちが支援してくれましたから」と照れていました。

『あたし、生まれてからお金というものに困ったことがないの』――これは生まれながらの億万長者だけが言えるセリフです。しかし、どんな家計の状態にあっても、収入の範囲内で暮らしていれば、お金に困ることがないのは理の当然です。長いあいだの体験で培われ、彼女の身の一部となったビジョンは、これからもお金に困らない未来を招いていくでしょう。

彼女の、明るく、若々しい雰囲気は、お金に欲求不満がないだけではなく、おそらく他の面でも欲求不満がないからだと思われます。欠乏感がなければ、人の心は自由に飛翔します。自由な飛翔は、年齢も超えさせているのでしょう。

マイナスのビジョンをもったために良い現状を崩してしまうことがあります。第三者の見解を自分のビジョンに採用してしまう場合に多くみられます。経済評論家が経済情勢の見通しについて述べた悲観的な見解を、見解として聞いている分には問題はありませんが、自分のビジョンに採用してしまうと、金銭に窮するおそれがあるので注意しなければなりません。商店主の父親と経営学を専攻する息子の有名な逸話があります。

アメリカの小都市が舞台です。無学で貧困から自分をたたき上げて立派な料理店をもつまでになった父親は、息子に学問をつけさせるために大学に進学させました。息子は著名な大学の経営学部に入学し、経営と経済を学びます。息子は実家に帰るたびに父親に現在の経済情勢を知らせました。父親は学理に基づいた息子の話を真剣に聴き入りました。ある時、息子は景気動向のデータを示して、「これからは大不況がきて、たいへんな事になる」と予言しました。父親は気落ちし、店の経営に不安をいだきます。気落ちは気力を削ぎ、経営状態は徐々に傾き、とうとう閉店に追い込まれてしまいました。ビジョンどおりに「たいへんな事」になったのです。経済の動向についての全般的見解を自分のビジョンに採用してしまった錯誤でした。

いっぽう、国の経済の動向と自分の財政状態を関係づけないで、『自分はどんな時も何とかやってきた。やってきたどころか、どん底のときでもけっこう楽しんできた』という思考は、『どんな時でもやっていける』というビジョンを生みます。その結果、どんな時でもやっていけてしまいます。そのような人たちの『やってきた』のレベルが、かつかつであろうと、ゆうゆうであろうと、そこそこであろうと、その人たちは過去とほぼ同じレベルでやっていけるでしょう。おそらく、このビジョンであれば、レベルはむしろ世が不景気でも自分の生活レベルは上がる可能性があります。

ビジョンの形成には過去の大小さまざまの経験の集積が与《あずか》っていると思われます。よいビジョンは、人生を肯定的に見る見解であり、それは能天気とちがって、困難や障害を自力で乗り越えた経験、また、忍耐と努力と待機の体験に裏付けされています。ほかにも、仕事や生活の面にかぎらず、愛された、親切にされた、励まされたなどの精神的な支えが影響しています。書物や映画による感動も作用しているでしょう。

子どもの時から、良い人や良い物事に接する機会の多かった人は幸せです。よいビジョンは、それらの体験を材料にしてつくられていきます。長じてから環境や条件が悪化しても、この人たちは、良い体験を生涯の資産としていますから、挫折してもビジョンをもって立ち上がる気力がそなわっています。『自分は良い人生を生きる』と信じられる体験をもっている強みです。理屈や説教からでなく、体験が信じさせています。純粋性が保たれている幼少時に享受した良い体験は、潜在意識に刻印され、人生は良いものであるというビジョンが、ひとりでに形成されます。もしもあなたに幼いお子さんがいて、あなたがお子さんの将来を案じているならば、この時期に良い体験という生涯の資産を与えてください。英語を習わせるよりも、美しい日本語を話す人と会話させ、塾に通わせるよりも、野や山に連れて行って自然の美に触れさせてあげてください。ファミリー・レストランの十回よりも、食事のマナーを教えながら家族で楽しむホテルのディナーの一回が、お子さんを物心ともに豊かにします。

ビジョンは、自分で自分を運んでいくコンベアのようなものです。物理学でいうベクトル（大きさと向きを有する量）をもって、未来に連れていきます。よいビジョンをもつ人は、自分の歩むべき道筋を、ただひたすら歩んでいくことで、ビジョンどおりの将来を現在にあらわします。ビジョンをもったときには、困難や障害がいくつもある状況であっても、一つ一つが乗り越えられていきます。その先にある道はしだいに平坦になります。ビジョンをもっただけで、困難や障害が一挙に消えてしまうことさえあります。困難や障害を挑戦の対象と見る反応が習性となっていきます。

将来を好ましくないものと観じていると、現在も将来もだめにしてしまいます。まわりの人びとが、「生活は苦しくなるいっぽうだ」「結婚したいような男はなかなか見つからない」「トシをとればからだのどこかが悪くなる」などと言っているからという理由で、安易に自分のビジョンに採用すると、その好ましくない雰囲気が自分にできあがってしまい、ビジョンどおりの自分に導いてしまいます。会話の相手は、同じようなビジョンをもった人たちばかりになり、悲観のビジョンを確認し合い、意思と行動は悲観を増幅させる側に傾き、ビジョンはいっそう強化されます。

　では、ビジョンをもたない人は、どうなるでしょうか。世の中の風潮に同調していくでしょう。経済の面についてなら、景気がよければ、楽観し、浮かれ、不況になれば、悲観し、消沈します。しかし、好景気は短く、不景気は長くて深刻なので、よくない気分が優位を占めてしまいます。

　稀に、意識的にビジョンをもたないようにしている人がいます。将来を選ばず、過去にもとらわれない人です。意識はつねに現在にだけむけられています。仕事と生活の計画は立てますが、自分の将来には関心をもちません。自分は将来に関与しないで、すべての将来は、やってくるままでよいとしています。このような人は、無意識のうちによい想念をいだいています。

　自分のビジョンが自分を誘導するのですから、だれでも望ましいビジョンをもちたいでしょう。ビジョンという概念にまでに至らなくても、日ごろから自身の思考の有りようを観察している人が、未来をまえにして自分がマイナス思考をしていると気がついたとき、意志の力で思考を変えようとして、思考の舵を強引に反対側に切ろうとします。内心は依然としてマイナス思考を信じているのに、『プラス思考をしなければいけない』と、自分に対してプラス思考を押し付けようと試みます。これは逆作用になるので用心しなければなりません。プラス思考をしようとすればするほど、マイナス思考が強くなります。あくまでほんとうに信じているものが将来にあらわれます。この大原則にもどるべきです。よくないビジョンや思考をもっているのに気がついたなら、ビジョンや思考から逃げ出そうとせず、自分はいまこんなビジョンや思考をもっていると、静かに自分を見守り、何の評価も下さずにいることが大事です。プラス思考であろうとマイナス思考であろうと、思考自体を放棄するのも有効です。思考することをやめて、きょう生まれた人であるかのように自分を扱います。〝座り〟などの方法で白紙の状態になる時間を多くもつことが望まれます。過去も未来もない生き方をよしとします。いわばビジョンや思考の抹消です。ある事象を前にしても、あれこれと考えない事です。決定する事項があれば、直感に従うといいでしょう。このような心の態度を保っているうちに、もしもビジョンがあらわれてくるとすれば、それはよいビジョンでしかありえません。

ビジョンは、自分の思う将来に自分を誘導する

恐れ

恐れは、人間存在であるかぎり、不可避といっていいほどの情念です。何についての恐れかは、ここまで読み進められてきたあなたはすでに察知されているでしょう。それは、シャカが四苦と指摘した生老病死のいずれか、またはその複合です。このうち老病死は、文字のとおりです。生とは、生きているあいだに味わうさまざまな苦しみで、これらの苦しみについてはほとんどの章で触れていますが、この世で人間が体験する多種多様の苦しみのほんの一部にしかすぎません。個人的な苦しみだけでなく、国家権力が個人に求める苦痛と悲哀を含めば、苦しみの種類はさらに多岐にわたります。

第七章では、だれもが感じている不安と心配を取り上げています。不安と心配は、よくない気分のチャンピオンであり、解消するのが簡単でない苦しみの一つです。苦しみという言葉がちょっと行き過ぎと思えるほど、不安と心配は感覚的にはマイルドですが、放置しておけばその累積の圧力は大きく、体調と美容に影響が出るほど、歴然とした苦しみです。環境と条件の変化などで、ちょっとした契機から不安がさらなる不安をよび、不安が高じて恐怖と化すと、自殺する人まで出てきます。不安と心配は、苦しみとしては自覚が弱いだけに、侮れません。

第八章では、老いについて述べます。若い人には関係がなさそうに思えるこのテーマは、じつは、若い時の生き方がその人の老後を着々とつくっているので、むしろ、若い人や働き盛りの人たちに読んでいただきたいのです。若い人の、いま生きている有りようが、どんな老後をもたらすかを見てください。

老いにつづいては、人が忌み嫌う死を取り上げました。死は、わたしたちが例外なく迎える現実です。考えたくないテーマですが、この機会にちょっとだけむきあってみてはどうでしょうか。むきあうことで、あなたの死の観念は変わるかもしれません。死は、あなたの死だけではありません。あなたが愛する人の死があります。もしも、愛する人に先立たれたなら、あなたは愛する人の死をどのように受けとめたらいいのでしょう。

第七章　不安と心配について

現代ではほとんどの人たちが、不安、あるいは心配をかかえています。社会人となって物質面での生活がほぼ安定し、当面の衣食住に困らなくなったころから不安と心配は影のように忍び寄ってきます。不安と心配の対象は人によって異なりますが、おおかたの人が崩壊や喪失を避けたいものに、地位や身分、収入や財産、自分と家族の健康があります。このほかに、親の面倒見とそれに伴う金銭の支出、自分と家族の将来の命運もあります。また、漠然とした不安と心配もあるでしょう。このような心の状態をはっきりと自覚している人もいれば、自覚の薄い人もいます。

昼間は、仕事や家事に忙しくしていて、不安や心配を忘れていても、夜になって部屋に独りでいると、不安と心配は靄のように立ち昇ってきます。気を紛らわそうとして、テレビのスイッチを入れますが、その行為が、意に反して不安と心配の濃度を高めていくことに気がつきません。

不安と心配の自覚の有無にかかわらず、気分の起伏が激しくなるときは、不安あるいは心配が自分の主人公になりつつある兆しです。この状態になると、世の中のちょっとした風聞でパニックに陥ったり、将来を極端に悲観したりします。

不安と心配は、いまは起こってはいないが、起こるかもしれない恐ろしい状況に対する感情、気分、思いです。最初は小さな感情でも、何かの刺激を受けて、思考と想像が望ましくない方向に働きだすと、自分で収拾不能の状態になってしまいます。この情緒不安定に立ち至ったならば、何よりもまず、好ましくない刺激をカットしなければなりません。刺激の多くはネガティブな情報です。不安をかかえている人にとっては、自分の不安の対象に関係がなくても、ネガティブな情報は不安感を増幅させます。この事象はたいへん重要な心の作用なので留意してください。

不安と心配は、いずれも将来への恐れですが、不安は、自分にかかわる望ましくない事態であり、心配は、自分以外の特定の人物や、事象にかかわる望ましくない事態です。心配の内容が自分に強く関係するならば、不安となる場合が少なくありません。社長交代による経営方針の転換、娘が独断で決めた結婚、わが子の将来などです。このように不安に直結する心配でなくても、たとえば、不況の浸透によって、以前から存続を危ぶまれていた友人の勤務する会社が倒産すると、業界が異なるとはいえ、経営形態が似ている自分の会社の先行きに不安を感じはじめます。心配は、広い意味では不安といっていいでしょう（いわゆる心配性の人の心配は、深刻な不安に移行することはありません。心配性は、ヒマをもてあましている心の穴埋めにすぎません）。

人びとの不安のタネの多くは、金銭の欠乏、病気（自分ならびに家族）、自己存在感の拠り所の喪失、老残、死（自分ならびに愛する人）、死後（自分の有りよう、残された家族の運命）などですが、複数の不安をかかえているのがふつうでしょう。ほかに、事業家、資産家、権力者など法人格の立場では後継者の問題や所有する資産の先行きに大きな不安を感じている人たちがいます。

おおかたの人たちがかかえているいちばんの不安のタネは、物質的生活でしょう。現在と将来の収入に確たる保証のあるのは公務員くらいです。これ以外の職種の人たちは結果が地位と収入に直接にひびく数値目標のもとで働くことになります。会社は存亡を賭けて目標を掲げ、社員は職を賭けて働きます。個人で仕事をもつ人も働かなければ飢え死にしてしまいます。仕事自体が流入してこなければ同様で、受注が命です。受注が増大すれば収入も上がるので懸命に働きます。会社では昇進によって給与が上がり、権限も大きくなるので社内でも競争関係が生じています。人員整理に際しては組織のピラミッドの上にいる人ほど解雇を免れやすいので、出世競争は激しくなります。人びとは、地位の安泰を得るために、また、収入を少しでも高めるために心身とも力を注ぎます。それでも解雇や倒産、仕事の枯渇の不安をいだいています。人は不安の払拭のために働いている面があります。

収入を一つの職種や組織体に限っていることから不安が絶えません。あなたがこの不安をいだいているならば、『第十三章　人の開花について』で述べているように、自分には別の才能があることに気づいてください。ほんとうにやりたい事は何かについても思い起こしてください。この二つのポイントが線で結ばれると新しい仕事が心に浮かぶでしょう。その仕事に熟達するために勉強をはじめてください。毎日わずかの時間を見つけて勉強をつづけましょう。願望の実現のように、他者に胸の内を明かさないでつづけてください。長い年月を掛ければ、かなりのレベルに達します。その仕事のために資本金の蓄積にも着手します。着手して半年が経ったころから不安は遠のいていきます。現在の仕事の困難にも耐えていけます。あなたの内部世界は少しずつ変容していきます。

不安の解消は、むかしからいわれているように、外部世界に求めても得られません。外部とは、金銭、家族、他者、組織体、政府、社会です。お金があれば不安はないと思ってどんどん貯め込んでも、貯めれば貯めるほど、「これではまだ足りないのではないか」と、将来の事情悪化を懸念して、不安はつのっていきます。不安の源流が何なのかをはっきりと見つめないと、断ち切ることはできません。ある女性は、生活習慣病を恐れて、食生活を完璧にととのえ、医師の指定する運動を忠実に守っていましたが、食道がんになって亡くなってしまいました。食生活と運動がまちがっていたのではなく、生活習慣病への恐れが、その人を殺してしまいました。不安や恐怖は、それだけで人を葬り去ります。

いつも何かしらの不安を感じている人は、自分が心底で何に対して不安をいだいているのかをはっきりと把握していなかったり、把握してもなぜ不安になるのかを突きとめなかったりしないことに原因があります。明確にするのが恐ろしいのかもしれません。しかし、そのままの状態を放置していれば、いずれ体調をこわしたり、不運に見舞われたりします。
では、どうしたら不安から解放されるのでしょうか。答えは、不安に対して正面からしっかりとむきあうことです。何が不安なのかを見出し、みずからその不安を明瞭に描き出して、不安が的中した光景をあえて直視します。解雇、左遷、離職、孤立、家族の困窮、飢餓、被害、見捨てられ、見下され、離別、死別、独居死など、耐えがたい悲惨さをリアルにビジュアライゼーションして、ドンと目の前に置きます。恐怖で震え上がり、思わず目を背けたくなりますが、あえて逃げないで見つめつづけます。すると、恐怖感が退いていくのに気がつくでしょう。最悪の事態を受け入れる覚悟ができたからです。「ああ、嫌だ、嫌だ」と、目を背けていたのでは恐怖感はさらにつのります。

人が思う最悪の事態は、肉体の生存の危機や生活の崩壊のほかに、慣れ親しんだ姿形の喪失があります。姿形とは、自己存在感の拠り所、財産、家族、友人、地域、持ち物、趣味であり、現在の楽しさや過去の思い出もあるでしょう。人はこれらに深い愛着をもっています。我欲が強い人なら、愛着を超えて執着になっています。愛着は流せても、執着は流せません。執着が強ければ強いほど不安は大きくなります。シャカは、生の苦しみのうちで、もっとも気をつけねばならない情念は、〝執着〟と指摘しました。イエス・キリストは、赤子のようにならなければ、天国に入れないと説いています。赤ちゃんには失うものは何一つなく、したがって執着すべきものはありません。不安も心配も恐怖もないのです。人は成長とともに慣れ親しむものをつくっていきますが、同時に、それらを失う不安もつくり出しています。

不安と心配を四六時中いだいていると、肉体に異変となってあらわれます。体重は変わらないのに、体を重く感じ、動作は敏捷性を欠きます。ヒフは色艶を失い、脳の働きは鈍重になります。近ごろの子どもたちのなかには、目に輝きがなく、動きに俊敏さがない子がいます。親の期待にそえない不安をいだいているのでしょう。わたしは、幼少時に、深い疑念と強い心配に襲われて、誰にも語れず、苦悶のうちに数年を過ごしました。この間に、下半身がデキモノに覆われてしまいました。家族は、ヒフ病と思い、医院に連れていきましたが、原因不明と診断されました。家族は、あれこれと民間療法を試みましたが、いっこうに快方にむかう兆しがみえません。ところが、戦争が激しくなり、空襲の日々を迎え、戦時の動員が間近に迫ってきて、個人の心配どころではなくなると、デキモノはウソのように消えてしまいました。子どもながらに生きる目的と死ぬ目的を真剣に考えはじめていました。

中年期以降の不安は、老化を加速させます。病気にも罹りやすくなります。不安をいだいたまま、対峙せずに先送りしていると、ある時期から急速に老け込んでしまいます。高齢者であれば、不安と老化の因果関係が相互関係になってしまい、袋小路に入ってしまいます。不安をかきたてるネガティブな情報には高齢者ほど触れる時間を意識的に避けねばなりません。ところが、現実は逆です。何もすることがないので、みずから好んで不安情報に触れたがります。高齢者にかぎらず、体の事には熱心でも、心の健康には疎いのが現代の人びとの特徴です。不安と心配は、その人の内部世界の問題であり、その人以外に解決できる人は誰もいないので、不安と心配の解消には、まず、それと真剣にむきあうことからはじめなければなりません。この態度自体が不安と心配の半分以上を解消させます。不安は、どんな年齢の人でも思い切って最悪のビジュアライゼーションをおこなえば消去できます。

不安とむきあい、最悪の事態を描き、それをあえて受け入れることができたとき、
不安は消える

第八章　老いについて

栄養が足りて、医療が進歩した現代では、あなたは、長生きしてしまうことを考えておく必要がありそうです。その長生きの日々が、快適か不快かはあなたしだいです。あなたしだいといっても、トシをとってからではなく、このいまのあなたしだいです。働き盛りのあなたにとって、老いはまだずっと先の事のように思えるでしょう。老いについて考えるとしたら、せいぜいご両親の健康状態くらいかもしれません。そのあなたにむかって、老いについての章を設けたのは、現在のあなたの日々の行動が、すでに、老後のあなたの姿を形づくっているからです。自分の老後をいま見ることで、変えようと思えば変えられます。このままでいいのだな、と納得したのなら、そのままつづければいいし、微調整を図りたいのなら、それもできます。ある賢人が語っています、「トシをとってから何か問題があるとしたら、若い時の生き方に問題があったのだ」と。

トシをとったときに生じる問題とは何でしょうか。

あなたは、平日の昼間に、住宅街に隣接したショッピング・モールを歩いたことがありますか。杖をついた高齢者の多いのが目につくでしょう。杖なしで歩いていても、背中が丸まっている人、肩がゆがんだ人、足を引きずっている人、家族に腕を支えられている人がいます。日がな一日ベンチに腰を降ろしたままの人もいます。トシをとれば、体に不具合が生じてくるのはしかたのないことでしょうが、特徴的なのはその表情です。暗い、空ろな、険しい、欝な、つまり、疎外された気分が表出しています。これらの表情は五体確かな高齢者にも少なからず見受けられるので、かならずしも肉体の老化だけではありません。その人たちは何から疎外されているのでしょうか。家族から？　社会から？　人生から？

それでも、街中で見かける体の不自由な高齢者たちは活性を保っているほうで、外出できない人たちや、家から出ようとしない人たちがたくさんいます。高齢になって、まず問題になるのは心身の健康です。病気は、不意に襲ってくるのではなく、長い時間をかけてゆっくりと浮上してきます。何十年ものあいだ過食と偏食をつづけ、加えて、長年の運動不足のままに日々を過ごしてくれば、血管と筋肉と骨はすでにもろくなっています。成人病の発病は突然でも、その形成には長い年月を経ています。

直立二足歩行を特性とした人間が歩くことを放棄すると、人間としての他の特性も徐々に失っていきます。そのもっとも重要な臓器である脳への影響は老人になると、はっきりとした形をとってあらわれます（歩行と脳は深い関係があります）。脳が活性を失うと、自他の向上に役立つ物事に対しての挑戦力が衰えるにとどまりません。公共施設や家庭に導入された新しい機器の操作もおぼえようとしなくなります。電車の切符を買うのにも、どうしていいのかわからないので、外出をしなくなります。まして、パソコンの操作をおぼえようなどという気は起こりません。パソコンやケータイに関係した話題が多い現代では、世の中から取り残された気分になってしまいます。パソコンがなくても生活には何の支障もありませんが、世間を気にしながら生きてきた人たちは、世の中の話題が理解できないと、孤立感を深めます。

公園のベンチに座ったまま、彫像のように動かない老人を見て、自分はあんなふうになりたくないと若い人たちは思うかもしれませんが、そのようになる素地が若いころから培われていたのを知っておくことがたいせつです。職場と飲食と大小のイベント参集だけで何十年を過ごし、休日にはテレビを見ながらのごろ寝では、まちがいなくそのような老人になります。純粋の個人として生きる目的をもたず、自分を没頭させる趣味もなければ、ベンチ・ウォーマーになってしまうのは当然でしょう。年とともに先行きが心細くなり、孫の機嫌をとって子にすがろうとしても、子やその連れ合いはすぐに意図を見破り、自分たちの生活が乱されるのを恐れて、ただちに防衛体制を敷きます。

悲劇的な老後の典型は、トシをとって罹病の不安が高じ、子に面倒をみてもらうために多額の金銭を与えたものの、子は当然の贈与と受け取っただけで、老いた自分を物心ともに見捨ててしまうことです。わが国の風土の特徴である血縁信仰は、現代では上から下への一方通行の傾向を強めていて、子は自分たちの生活の防衛しか考えず、子にとって親はしがらみとしか映っていない実態がふえつつあります。しかし、子が親になり、老いていけば同じ事が繰り返されます。

高齢者のあいだでは個人差が大きいといわれています。個人差とは、主に健康と体力と体位についてですが、雰囲気もあるでしょう。皮膚の老化兆候はかならずしも老いを感じさせるとはかぎりません。よい雰囲気が先立つ人は、会った人に雰囲気を残し、シミやシワは記憶に残させません。この印象作用は多くの女性のかたがたには理解されないようです。中年以降の女性は、美容と美装には熱心ですが、かえって、老いをクローズ・アップさせてしまいます。その熱心さの背後に控えている空虚さこそ、老いの雰囲気だからです。

いつもロマンをもち、向上をめざし、自立を保ち、形式にとらわれず、小さな事でも自分流を貫いてきた人は、トシをとっても老いを感じさせません。いっぽう、損得を中心思想とし、つねに安楽を求め、作為を好み、体裁を重視してきた人は、肉体の老化現象に加えて執着という醜さのオマケがついて、印象年齢は加算されたものになります。高齢者それぞれの人の雰囲気は、長い年月を経てその人が無意識のうちにつくってきた、よくもわるくも一種のオーラです。老年期は、その人の個人の生き方が問われる年代で、若い時から純粋個人をどのように生きてきたかが、個人差となってあらわれます。

「老人は嫌われる」といわれるのは、厚かましさ、頑迷さ、公共性の欠如（電車の中で荷物を座席に置く、人前で咳を吹きかける、通り道をふさぐ、集団で騒ぐ）、甘え、言い訳、グチ、泣き言、ぼやき、ため息などでしょうが、要約すれば、他者に対する配慮がないということでしょう。衰えた皮膚と鈍い動作と骨格の変形が、視覚的に美しくないので、見苦しさはいっそう強調されます。他者に対する配慮のなさは、もともとその人にあった性向で、若い時には組織体や職場の規律として填められていたポジショニングの箍《たが》が、退職を機に外《はず》され、遠慮なく噴出してきたにすぎません。高齢の女性ならば、「いまさら、自分をしとやかに見せたい気持ちはない」と、開き直った気になっているのでしょう。

しかし、所作が醜くならないようにと心がけていても、健康と体力がなければそのようにはいかないのが、老年期です。健康の管理と体の鍛錬は、中年期に入ったら意識的に始めていないと、老年からでは自己管理への気力が失われてしまうので遅いのです。現役中からどんなに仕事が忙しくても小まめに運動するのを怠ってはなりません。寝床の中で手足の指先を動かすだけでも運動になります。無意味な会議の場でもこの運動は有効です。

現役時代に見栄を張って多額の金銭を支出したために、高齢になってから金銭に窮する人が多くいます。支出する時には、本人は見栄とは思っていないか、思いたくないのでしょう。もっともらしい理由をつけて、その金額が必然の支出だと自認します。分不相応な住宅の購入、大金をかけた娘の結婚式、孫たちへの頻繁なプレゼント、親族たちを集めての奢りなどにお金をかけます。ところが、定年直後に大病を患い、高額の医療費の支出に悩むという事例は、かなりの数にのぼります。高額医療費には還付制度があるとはいえ、入院にともなう諸費用と交通費と資金繰りは家計を圧迫します。配偶者も同時に罹病することが多く、高齢者の家計は火の車となります。このような事態になっても金銭の支援は誰もしてくれません。

老いてからの夫婦の関係に問題が生じるのも、現役時代の生き方が濃い影を落としています。結婚前の夫婦の有りようについての考え方に、すでに問題がはらまれています。本来、結婚して家庭をもつことは、二人の人間が一つの国を造っていくのと同じです。少数精鋭の二人が家庭を築いていく過程で、困難もあり、楽しみもあります。役割分担は、その時々で変更してもかまわないわけで、分担の変更や割合がいつ必要になってもいいように、日ごろから自分たちを訓練しておくことが大事です。専業主婦である女性の側でも、いつ仕事につかなくてはならない事態が生じてもいいように、つね日ごろから求職状況に関心をもち、あるいは何らかの技術を磨いておかなければなりません。仕事の知識の吸収、技術の向上、応対の的確さ、機敏な動きなど、ビジネスライクな面を身につけておけば、現在の日常生活にも役に立ちます。

ところが、夫婦の役割分担について、暗黙のうちにせよ了解事項とするにせよ、固定化してしまうと互いの営みには関心がなくなってしまいます。万一の事態が生じた時には対応できないのでたいへん困ることになります。不十分でも相手の役割をおこなっていれば、夫婦の関係は厚みを増していきます。精神的にも絆は強まります。

わが国の多くの夫婦のあいだでは、役割分担が明別されています。社会通念もまた明別を是としています。生活の原資を獲得する役割を担っている夫は、自分がいなければ家族は食うに困ってしまうので、生存の鍵を握っている者としてゆるぎない自負をもっています。表面的には妻の尻に敷かれているような夫でも、心底では妻に対しては「食わしてやっている」という絶対の優越感をいだいています。専業主婦であるその妻は、事あるごとに夫を見下す態度をとっていても、内心は「食べさせてもらっている」という否定しえない負い目を感じています（過去に自分が選んだことですが）。二人の関係は、対等ではなく、支配・被支配の関係です。法的、教科書的、風潮的には対等であっても、意識は対等ではありません。実質が対等ではないからです。専業主婦である妻の立場を社会がどんなに対等性を正当化してくれても、妻はみずからの負い目の意識からは逃れられません。

農業や漁業など、第一次産業に従事する所帯の妻や自営業の所帯の妻は、生計に直結する労働をします。その役割は夫と対等です。夫はそれを知っています。このような夫婦のあいだでは波風は立たず、老いていくほど夫婦の愛は深まります。

「定年になったら趣味をもて」といわれていますが、現役中に何一つ趣味のなかった人がその時になってからもてる人はほとんどいないでしょう。趣味の会に集うことはあっても、集まるのが目的であって、趣味を深める楽しさのためではありません。もともと、趣味はもつものではなく、もたずにはいられないものです。暇のあるなしにかかわらず、です。退職後に趣味を楽しんでいる人は、現役中にすでにもっていて、定年のころにはかなり熟達しています。仕事が忙しくても、時間をやりくりしてつづけ、ある時期には長い中断があり、また、つづけられない状況に立ち入っても、頭の中だけでもつづけて、いつの日か打ち込める条件が熟するのを待っていました。たかが趣味といっても、そこには人間の知力と感性と体力が集結した技の世界であり、没入する人とそうでない人とでは、人生は質的にちがってきます。この意味からわたしは〝趣味〟という言葉に、いささか違和感をももっています。楽しいだけではない創造と技術の探求のおもしろさは人間であることのよろこびになっています。趣味がない人の老後は、その日その日の長い時間を埋め合わせるのに腐心することになります。退屈と所在無さは、意識を他人にむけ、ゴシップ、スキャンダル、噂話に大量の時間を費消することで、覗き見の好奇心、陰湿さ、意地悪さを満たしています。老醜は、さらなる醜さを助長させます。

あなたが高齢者の仲間入りをしたら、付き合う人たちにはよくよく注意してください。話題と会話には特に気をつけてください。自分の病気、他人の病態、老化現象、家族についての苦情を頻繁に口にする人たちとは接しないのが賢明です。その人たちは、胸のうちにとどめておくだけでいい事を、あえて口にしてしまえば、あなたにも本人たち自身にもよくない影響をあたえます。しゃべらずにはいられないのは、病気や老いの事柄ではなく、自己存在感の飢えです。このような人たちは、困難や障害を自力で乗り越えた経験がなく、いつも他者（家族、組織体、社会）に甘えてきました。「忘れっぽくなった」「すぐに疲れる」「食べてもおいしくない」など、同情を乞うているのでしょうが、口に出してしまうと単なる思いは確定事項になってしまい、疲れていなくてもほんとうに疲れてしまいます。ましてて相手が同意すれば、覆されない決定事項となります。あなたは、かれらの言葉を聞くことで、まだたいして老化していないのに、あなたの脳は少なくとも重度の老化の情報を先取りして、インプットしてしまい、早々と進行させてしまいます。遠いむかしの時代から言葉には信じていない事も信じさせる働きがあると伝えられていて、言霊《ことだま》（言葉に宿っている不思議な霊威）の威力は人の想像をはるかに超える働きがあります。たかが言葉と軽く扱ってはなりません。老人たちには、互いに老いを嘆き合い、老いの傷を舐め合って老化をいっそう早めている傾向があります。ため息や独り言も自身にとってはマイナスの効果しかなく、また、傍《はた》にいる他者がきいていて、けっして好ましい振る舞いではありません。他者はそのような老人とは同席したくないと思ってしまいます。それが老人のいっそうの孤立を促しています。

人は、高齢になると、なにかにつけトシのせいにしたがります。感覚機能の低下によって、過失、失態、恥かきはやむをえませんが、なかには若い時にもたびたびしでかしたものも少なくありません。むしろ、若い時のほうが多かったものもあります。怠惰や億劫は、現役中にはそれが許されない環境にあったので表面にあらわれなかっただけのことで、監督されない環境では、恣意のままに振る舞ってしまいます。トシを理由にそれを自分に許してしまいます。老人のだらしのなさは、もともとのだらしなさがむき出しになったからです。老いたならば、肉体の老化を自認したうえで、マナーとエチケットのために、また、清潔と身じまいのために、体はマメに動かする気力が求められます。若い時からこの点を疎かにしていると、老齢になってからでは気力自体が起こりません。高齢者は、その長いキャリアから、人前での態度についてはじゅうぶんわかっているはずで、気力のあるなしが、その人の有りようをつくっています。

男性の高齢者のなかには、自分がこの世に生きた証しを残したいという強い欲求をもっている人たちがいます。富者貧者を問わず、男子は名を残したいのです。権力者やお金持ちは、生前に自分の胸像をつくらせたり、肖像画を描かせたりします。知性と感性を自負する人たちは心血を注いで、句集、歌集、画集、写真集、自分史の完成に取り組みます。形で残せない人たちは、家族と縁者の記憶のなかに自分を残そうとします。その確認のために生前葬を催したりします。この世に自分の何かを残したいと望むのは、延命欲にほかなりません。人前で「自分が死んだら」「自分が死んでも」「自分が死んでからは」などという言葉を連発し、なかには「早く死にたい」とつぶやいて、他者の注意を引きつけ、他者の記憶に滑り込もうとします。しかし、いかなる人物でも、いずれ忘れ去られるのが人間界の現実ですから、自分の死は静かに受け入れるほかないでしょう。延命ということでは、すでに老い以前になされているので（後述）、計らう必要はまったくないのに、人は理解しようとしません。

なぜ、こうまでして自分を残したいのでしょうか。何十年と勤務し、何十年と生活し、何十年と食事をしてきても、心底から生きてきた実感がないからです。永年の勤続、一家の構え、衣食住の充足は、どれも満たされても、生きてきた実感がないとはどういうことでしょうか。イエスは語っています、「人はパンのみに生きるものにあらず」と。生きてきた実感がないので、人生の決算期をむかえて生きた証しをつくりたがります。証しをつくったら、こんどは反応を知りたくなります。他者は、本人の胸像や肖像画をみせられて、感心したようなふりをしますが、内心は何の面白みもありません。興味のない句集や画集を送られても処分に困って納戸に放り込んで、迷惑と感じながらも型どおりの褒め言葉を返します。本人は褒め言葉にわるい気はせず、再び褒め言葉を求めてこの証しをさらに上回る証しをひそかに企画します。しかし、自己顕示の証しに過ぎないものを生の実感とするにはしょせん無理なことで、何十年ものあいだ、愛と感謝と感動を知らずに暮らしていれば、老いの空虚と悲哀は免れられません。

退職してからも「ひとの役に立ちたいけれども、その場がない」と嘆く高齢者がいますが、たとえ直接の奉仕の場がなくても、家族に迷惑をかけないように、体を鍛錬し、健康に留意し（国民の医療費と介護費の減少に寄与します）、家事を手伝い、楽しい趣味をもち、晴れやかな気分ですごせばじゅうぶんではないでしょうか。表立ったボランティア活動だけが役立ちではなく、みずからの居場所をつくり、気分よく暮らして、まわりの人たちに気を遣わせない暮らしも立派な貢献です。

　人は、生まれ、生きて、死にます。延命に執着しなくても、どんな人でも生きているあいだにすでに延命はなされています。延命を望む人は安心して旅立てます。あえて霊の有りようについて自問しなくても、社会の仕組みや人間の活動に目をむければ理解できます。一例をみてみましょう。農業者がつくった作物で都市生活者は生存しています。都市生活者が支払った対価によって、農業者は肥料と耕運機など生産財を購入します。肥料と耕運機は都市生活者がつくっています。このように、あらゆる人間活動の連鎖と循環がつづくかぎり、人類の生命は形を変えてつづけられていきます。凶悪な犯罪者で死刑になった人間といえども、その生命は存命中に消費者として、生産者と販売者に連鎖しています。その生産者と販売者が死んでも、後継者や関係者が仕事を引き継いでいきます。

　働き盛りのあなたもいずれは退職し、老年をむかえます。老年には老年ならではの楽しさがあり、それをぞんぶんに楽しむには現役時代をどのように生きたかによります。あなたの現在は、現在であると同時に将来の自画像を描いている時でもあるのです。


「トシをとってから何か問題があるとしたら、若い時の生き方に問題があったのだ」

第九章　死について

これから先はどうなるかわからない自分の未来について、ただ一つ確かな事は、自分は死ぬということです。しかし、死ぬとはわかっていても、それがいつなのか、どんな形をとって死ぬのかは見当がつきません。見当がつくのは、医師から余命を告知された患者、自殺決意者、死刑囚ですが、ほんとうのところはわかりません。人間には何が起こるか、『神のみが知る』です。医師から告知された余命の三カ月を過ぎてから何年も生き長らえた人がいるし、自殺を決意しても土壇場で心変わりする人がいます。かつて、死刑の判決を受けてから何十年も刑を執行されない人がいました。とはいえ、このような人たちもいずれは死をむかえます。

人間のみならずこの宇宙に存在する固有のものはすべて死んでいきます。草の葉一枚から巨大な星まで死を免れることはありません。そのいっぽうで新たな存在が無数に誕生しています。シャカは万物のこの有りようを直観でつかみ、〝諸行無常〟と表現し、その万物の有りように従って生きるのが幸福であると説きました。「死を受け入れよ」という教えですが、頭ではわかっていても、わたしたちは死を素直に受け入れられず、忌み嫌い、恐れています。

死と死に対する恐怖は別物ですが、人びとは、恐怖のあまり同一視したり、取り違えたりしています。この混同と混乱が死と真正面からむきあうのを拒んでいます。死の恐怖は、大金をかかえて餓死した人のように、人間をじっさいに死に追いやるほど強力です。ひとむかし前には、がんは死に至る病と受け取られていました。自分の病気ががんではないのにがんと誤信し、絶望して自殺する人は珍しくありませんでした。死の恐怖は、死に勝っています。想像力、対自思考、当て推量は、自分を煽り、自家撞着に陥らせます。世の中で起こるパニックは、人の心の奥底に巣くう死の恐怖が分別をなくさせて暴発するさまをあらわしています。じっさいにパニックで人波に押し倒されて死んだ人たちがいます。異常に高まった死の恐怖は自分も他人も死に追い込みます。

平穏な日々がつづいているあいだは、死は他人事《ひとごと》のように思い、たとえ思ってもまだ先の事としか考えません。日常の会話で死が話題にのぼっても、ほとんどが他者の死であり、多少の憂いを込めつつ、あくまで評論家として語っています。自分の死について語るときも、何歳で死にたいとか、どんな死に方がいいかなど、料理のメニューを選ぶような気安さでしゃべっています。しかし、深入りはせず、短い応答で終わります。自分の死期の不明と死への恐怖が会話を長つづきさせません。

死は、学生のころにはリアリティーをもちえませんが、自我が強烈で、生きる意欲が旺盛な青年のなかには、ほとばしる生の息吹の反動で死を強く意識させられる人がいます。「自分はいずれ死ぬ」という絶体絶命の真理を前にして、気が狂うほどの恐怖に襲われます。若い生の勢いが死を異常にクローズ・アップさせ、自分の意識というものが完全に消滅してしまうのをどうしても受け入れることができません。死を思うだけで心悸亢進し、七転八倒します。ところが、世の中に出て仕事に追われる生活がはじまると、死の観念は遠のいていきます。そのような人は中年期以降に生活が安定したころから再び死について思考しはじめますが、死の恐怖はあるものの、恐怖に全身が覆われた若い時とちがって、恐怖は等身大となり、受け入れやすくなります。同時に、生についても思考し、徐々に固有の死生観を形成していきます。

自分の死について恐怖を感じるのは、「意識も肉体も消滅するから」「死後はどうなるかわからないから」「取り返しがつかないから」「独りで死んでいくのは寂しいから」「未来が見られなくなるから」などでしょう。このほかにも昔ながらの言い伝えを信じて「地獄に落ちるかもしれないのは耐えがたい」と怯える人がいるかもしれません。

これほど死を恐れているならば、いまもし仮に、あなただけに不老不死の妙薬が提供されたならば、あなたは飲みますか？

永遠の生命を選んだ一人の青年が負った、果てしない苦悩を描いた小説があります。読者は永遠の生命に戦慄をおぼえます。青年のまわりの人たちは、寿命が尽きれば一人また一人と死んでいくのに、自分だけは何百年と生きつづけ、これから先も何千年、何万年と生きていかなければならないのです。このような条件にあっては、死は救いとなることが納得させられます。

小説では一人の青年だけが永遠の生を与えられた設定となっていますが、逆の設定ならあなたはどのような選択をするでしょうか。あなた以外のすべての人が不死の薬を飲むのなら、あなたは飲みますか。もしあなただけが誤って飲んでしまったなら永遠の生命をどのように生きようとしますか。これらの問いを非現実的な仮定でナンセンスとして一蹴しないでください。いままでむきあうことのなかった死と対面するよい機会です。

結婚して第一子をもうけたころから、人は自分の死によって家族に起こる苦難を慮《おもんぱか》って対策を講じますが、あくまで家族の命運を基軸とする思考の展開であり、自分の死についての思考はコンパスで描く死の円の圏外にあります。自分の死は万が一であり、生命保険の契約に際して被保険者である自分の名を記しても事務的な反応しか起こらず、この段階では自身の死は肌で感じるには至っていません。同僚が心臓発作で突然死しても、自分の心臓に異常がなければ、同僚の死は例外の出来事として受けとめ、平均寿命から外れた死は特例であると判断します。

中年期をむかえて、身近な同年輩の人たちの死を目の当たりにする機会が多くなると、自分の死はぼんやりとした影絵となって思考の片隅に立ちはじめます。目安としていた平均寿命の妥当性に少しばかり疑問をいだき、平均値は個別の事情の集合がつくっていることに思いをめぐらします。同時に、病死、事故死、過労死、被害死、殉職死、自殺、天災死、人災死、戦死などの死の有りようの多様さに気づき、自分の死はようやく輪郭をあらわします。「いつ死ぬかわからない」という思考のもとに、生命保険の増額をくわだてます。妻は、夫の健康状態にいちだんと警戒を強め、食事の量と質、飲酒と喫煙、休日の過ごし方などについて、遠まわしに勧告します。働き盛りはストレス盛りでもあり、発散を口実に抑制は緩みがちになります。多忙のために、死への意識は頻発しないものの、ふと独りになって過去を振り返ったとき、いままでになかった体の妙な疲れを感じ、自分はもう若くはないのだと思い、病気のことが頭をかすめます。それでもすぐに打ち消し、「がんばらなくては」と、自分を奮い立たせます。たまたま自分の体を気遣う妻のほうが体調を崩して寝込むと、いままでに考えもしなかった妻の大病、そして彼女の死、残された自分と子たちが思考の領域にあらわれてきます。加えて自分の親が大病で入院したりすると、死は自分の死だけではないと、にわかに家族の死がリアリティーをもって姿をあらわし、思考の中に重要な対象としてしっかりとした場所を占めてきます。

高年期では死は否応なしに物事の判断にまで入り込んできます。年末には同年輩の人の親族から「喪中につき」ではじまる挨拶状が年々ふえてきます。親の面倒見が多くなり、親族や知人の葬式の知らせを頻繁に受け取ったりすると、死はぐっと身近になり、思考のうえでは病気と死が隣り合わせになります。病気の知識が豊富になったぶん、病気への恐れも膨らみます。食事制限を実行し、健康食品を選び、飲酒と喫煙を控え、週末にはジョギングに励み、それとなく他者の健康対策を聞き出して防衛体制を強化するのもこの年代です。ところが、健康管理に厳格な人が突然病気になって他界してしまい、健康管理に無頓着な人が元気で長生きしている現実をみると、矛盾を感じ、人間の有りようについて少し距離を置いて眺めはじめます。「理屈どおりにはいかないこともある」と。ほんとうの健康管理とは何だろう、寿命とは何だろうと考えはじめます。親の死を体験するのも多くはこの年代です。

老齢者のあいだでの会話では、自分の死についての話題は気軽に語られます。深刻さはなく、むしろ陽気でさえあります。人びとの死に至るいくつものプロセスを見てきたし、いくつもの死に立ち会った経験が死を受け入れる気持ちに傾いているのでしょう。しかし、交わされる言葉は短く、敷衍《ふえん》されることはありません。かなり親しい間柄同士でも、ほんとうの気持ちは語られないでしょう。生の終幕を意識する老齢者の関心は、死自体から死の形へと移行します。ぽっくり死にたい、痛みなく死にたい、家族に看取られて死にたいなどです。

衰弱している老齢者のなかには「死にたい」と、しばしば口にして家族を困らす人がいます。厄介者として生きたくないと思っているのは真実でしょうが、家族にとっては聞きづらい言葉であり、マナーとして好ましくない言動です。家族なら何でも許されるという甘えのもとに、家族のなかで個人意識の希薄なままに共棲をつづけていれば、晩年は家族から疎まれる存在になってしまいます。自分の死についての会話は老齢者のみならず避けるべきでしょう。他者に語るのは無意味であり、他者に多少とも当惑をあたえ、返答にはかなりの神経を使わせます。他者は同意してもしなくても、話者を満足させる返答はないのを感じとっています。自分の死については、胸のなかにしまっておくのが自分にも他者にも望ましいでしょう。

自分の死よりも耐えがたい死は、愛する人の死です。愛する人の死は、二重の苦しみをもって人を嘖《さいな》みます。かつては自分がこよなく愛した人の笑顔、声、しぐさ、ぬくもり、香りがいまでは深い悲しみとなります。愛した人が望んでいたであろうこの世での楽しみを、その人が生きているうちに自分ができうるかぎりあたえたかったのに、もはや永遠にその機会を失った悔いが残ります。この悲しみと悔いが消える唯一の場合は、この世で愛する人にめぐり会えた幸運に対する深い感謝の念が起こるときです。悲しみと悔いはどんなに無欲にみえても、実体は自分中心の感情であり、自分中心を離れたときに人は苦しみから解放されます。愛する人はもうこの世にはいなくても、愛する人を自分にあたえてくれた天への感謝がなければ人は救われません。感謝することは、愛した人を追想するのではなく、愛した人を胸の奥深くに抱き、感謝の念をもって現在を共に生きていくことです。

この逆の場合として「自分の死は受け入れられても、愛する家族が自分の死によって困窮する命運は、とうてい受け入れられない」と苦しむ情況があります。この強迫的帰結が無理心中ですが、この人を取り巻く条件のきびしさは計り知れないとはいえ、自分中心の考えであることには変わりありません。その人が家族を愛しつづけてきたのなら、その人が死んでも家族はかならず切り抜けます。愛されたことを家族はけっして忘れません。その人の愛は生きていく力となって、家族のなかで生きつづけます。

「その人の潜在意識は、自身の寿命を知っている」という説があります。人は固有の潜在意識によって生き、死んでいくという見解です。そんなバカな、と笑わないでおききください。画家のゴッホの寿命は三十七年で、ピカソの寿命は九十二年でした。ゴッホが画業に打ち込んだ期間はわずか十年でしたが、短い年月に燃え尽きた生命はどの作品にも一つの様式のもとに表現されています。いっぽう、ピカソの画業の過程を観察すると、ピカソの画風は時代とともに変貌しています。長寿でこそ表現しえた作品の流れです。新約聖書のなかでイエスは、「あなたがたのうちのだれが、思い悩んだからといって、寿命をわずかでも引き延ばすことができようか」と説いています。この言葉は、延命欲と潜在意識との食い違いを示唆しています。瞑想行法を極めたイエスは、神と直接に接触していたと思われ、イエスはみずからの寿命を知っていました。

長寿だったら幸せ、短命だったら薄幸とはいちがいに言えません。一日一時《いちにちいっとき》をどのような気分で生きたかです。生まれたばかりの赤ちゃんがにっこりと笑ってその直後に死んだとしても、赤ちゃんの人生が不幸だったとはいえないでしょう。長生きしても、砂を噛むような思いの毎日であったら、その人の人生はいったい何だったのでしょう。

死後の世界についての説は、むかしから地獄と極楽、輪廻転生、霊の存在、魂の通過路、絶対無など、信じられそうなものがあり、信じられそうもないものがあります。臨死体験をした人たちは、総じて好感をもって死を回想しています。とはいえ、臨死と死後では、死の門の下と門の内のように、微妙な境界域を挟んでのちがいがあります。死後の世界についてては、いまのところ「わからない」のが正解かもしれません。わからないものはわからないとして、死後を素直に受け入れるのがベストでしょう。

死は、忌み嫌うべきではない。諸行無常の一つの相である

第十章　健康という名の病気について

さまざまな調査機関が実施する日常生活に関係したアンケートで、「日ごろ気をつけている事は何ですか？」という問いの答えの第一位は、ほとんどが「健康」となっています。それにもかかわらず、国民医療費は年々増加しています。理由として、高齢者が多くなっている、新しい病気がふえている、医療機器が高額化している、医原病（医師が病気になるおそれがあると判定して、投薬をおこなう病気の予兆）の患者がふえているなどですが、人びとに病気を招きやすい素地が着々とつくられていることにも注目しましょう。

肉体は、わたしたちが意識するとしないにかかわらず、どんなときにも最初に出会い、一生を共にする不離一体の環境です。生まれた時にはすでにそなわっているＤＮＡと育っていく環境と条件があたえられています。それらがどのようなものであれ、わたしたちはそれらとともに生きていかねばなりません。肉体的、または環境的に大きなハンディキャップを負って生まれてくる人たちがいますが、その人たちが快適に暮らしていけるかどうかは、その国の人びとの思想と政府の施策如何にかかっています。

誕生時の肉体は、本人の選択ではなく、所与のものです。成長するにつれ、この最重要の環境に対してどのように付き合うかで体の健康は左右されます。付き合い方としては、人によってちがっています。大事をとって慎重に扱う、基本は守るがあとは大体でよい、気ままに振る舞うなどですが、年齢、病歴、仕事の条件、受けた情報によって変わっていくことがあります。

健康を維持する基本原則は、〝少食で、感謝して食し、よく動くこと〟です。少食とはその人の生存と活動に最小限必要な量をいいます。一日千六百キロカロリーとか二千四百キロカロリーとか、一概に規定はできませんが、ほとんどの人が食べ過ぎでしょう。体重の観点からでは、現在太り気味の人は、二十五歳以降で自分がいちばん動きやすかった体重を目安にするといいでしょう。いきなり減食するのはむずかしいので徐々に減らしていきます。お箸一回分、スプーン一杯分、間食のお菓子一口分からはじめます。胃袋に慣れてもらうためです。いったん慣れてしまうと欲望は小さくなっていきます。減食は、体重の減量が実現するのを楽しみながらおこないます。減量すると、体の動きが活発になり、気分まで軽やかになります。

少々宗教的な説法で抵抗があるかもしれませんが、食欲に負けて減量できないのは〝食〟

についての基本的な考えができていないからです。〝食〟は、生命から生命をいただくことですから、できるだけ少なく摂取すべきものです。その人が太りすぎで、少食に踏み切り、感謝して食し、よく歩くと、減量がはじまります。その人の適正体重（いちばん動きやすかったころの体重）になれば、臓器に負担はなく、血液はサラサラと流れ、動作は敏捷になり、脳は活性を高めます。肉体という環境は最良の状態に整い、その人の意思に最大の貢献をします。

〝感謝して食す〟の感謝の対象はだれでもいいのです。神、仏、宇宙、食材、奥さん、両親、先祖などです。また、すべてを一つにした生の世界でもよく、あるいは対象はなくてもよく、ただ感謝の念をささげることでもかまいません。むしろ、対象なき深い感謝、このほうがいいでしょう。感謝する心の状態は、消化器系に最高のくつろぎをあたえ、消化と吸収の機能を最良に働かせます。お坊さんがほんの少量の食事でもきびしい修行に耐えられるのは、精神の安定と感謝する心によって摂取したカロリーと微量栄養素を完全に吸収しているからです。人体がじっさいに吸収する食事の量と質は、精神の状態によって変わります。過食と拒食は同じ根をもっていて、どちらも精神の不安定があずかっています。

よく動くとは、できるだけ他者の労力と文明の利器に頼らずに体を使うことです。日常の生活では、億劫がらずにマメに動きましょう。ソファーに座っているとき、食卓の上にある新聞を読みたいのならば、食卓のそばにいる奥さんに持ってきてもらうのではなく、自分が腰を上げて取りにいく、お茶が飲みたければ、食器棚に行って急須と茶碗を取り出して、自分でお茶をいれる、靴が汚れていれば、自分で丁寧に磨き、自分の部屋は自分で掃除するなどです。このような些細な動きは、体のためだけでなく、精神にも必要なのです。他者の労力を節約し、他者に依存しない自立した人間をつくっていきます。これが最小限の人間の有りようです。しかし、家族がやってあげると申し出たならばよろこんで好意を受けてください。親切や慈悲を素直に受けることで、恵みをあたえられる人間に自分をつくっていきます。頑《かたく》なに拒否していると、天や他者から恵みをあたえられない人間にできあがってしまいます。他人から差し出された好意は、感謝して受けるべきです。

わたしたちはけっして豊かではありません。〝食〟ひとつとってみても、ラーメンから懐石料理まで、食文化の礼賛のもとでいろいろな味を追求した究極の料理を珍重する傾向があります。それはそれで美味を楽しむのには何の問題もありませんが、美味は食の本質とは何の関係もありません。寝食を忘れるほどの楽しさをもてない精神的に貧しい暮らしをしている人たちが美食と飽食に走ります。食は見栄にも利用され、「あそこがうまい、ここがうまい」と、他者に触れまわり、自分がひとかどの食通であるのを自慢します。食べることへの異常なほどの強い関心は、旅館やホテルを刺激して豪華なメニューで競わせ、加工食品のメーカーに多種多様の添加物の使用を許し、美味の追求に忙しくさせています。わが国民は、その器用さによって、和・洋・中の食を巧みに取り入れてきましたが、同時に、食の本質を忘れさせることにも寄与してきました。その結果が生活習慣病をはじめ、各種の病気の増加となり、国を挙げて健康危機の警鐘が打ち鳴らされています。いまや、健康という言葉を見聞きしない日は一日たりともありません。この現状を異常と思わない新たな心の病が広がり、人びとを蝕《むしば》んでいます。『健康という名の病気』です。

現代では「健康の維持のため」という看板を掲げて、病気の知識と情報が大量に流布されています。受け取る側は、あたかも「人間は病気になって当たり前」かのような印象をもってしまい、不安と心配のタネになっています。毎日のように「この病気は……」「このような症状は……」「このままでは……」と言われつづければ、思い当たる事の一つや二つはあるでしょう。人は病気を意識しはじめます。知識と情報の流し手は、「受け手のためを思って流している。受け取る側がどのように受け取るかはその人の自由である」という名分のもとに提供しつづけています。内容は客観的でも、受け取る側はつねに主観的です。自分と家族に照らし合わせ、健康を気にします。流し手は、ネガティブ性の強い情報ほど受け手の気を引くのがわかっていますから、罹病の危険をしきりに強調します。受け手はあえて煽られなくても、病気のタネを探しはじめます。時間をもて余している人たちは病院や医院に足しげく通いますが、誠実な医師は患者の訴えについてはつねに最悪の場合を考えて対応するので、医療機関によっては検査が精密になる場合が少なくありません。「胃がちょっと、もたれる」と訴えただけで、胃カメラを勧められます。早とちりの患者は、その時から胃がんを疑いはじめます。

病気への恐怖から健康の維持が唯一の目標となってしまうと、何のために生きているのかわからなくなってしまいます。「血液検査の数値をすべて基準値内にそろえ、体重は標準値以内を保ち、清潔度を完璧に保つ」ために、「あれはいけない、これはいけない」の制約を課し、「これをしなければ、あれをしなければ」の責務を自分に負わす人たちが少なくありません。家の中にはどこにでも抗菌グッズ、塩分一日十グラム以内、焦げたものは食べず、熱いものは喉を通さず、下着は毎日取り替え、年四回の健康診断と血液検査に一喜一憂し、外出は控えめにし、テレビ番組『あすの健康』を欠かさず視聴し、新聞に掲載されている医師の診断シリーズ『どうしました?』は切り抜いて保存します。にもかかわらず、現実はカゼをひきやすく、胃腸は不調で、頭痛に悩み、めまいに頻繁に襲われる日々がつづきます。なぜ、理屈どおりにいかないのでしょう。病気への恐怖が精神的ストレスを引き起こしているからです。それが体調の不良現象となってあらわれてきます。体の不調から生活が変わり、心身の動きが低下し、肉体は罹病の準備にかかります。

精神的ストレスでいちばん効果?の高いのは、『気にする』ことです。換言すれば、自覚をともなわないストレスです。自覚できるストレスは、ストレスではないといっていいほど軽度のものです。仕事をせかされたり、嫌なお客に応対したり、理不尽な事を命じる上役に耐えたりするのは、むしろストレスのうちに入らないでしょう。一時の不快感です。毎日であれば、何らかの自分への対策が必要でしょうが……。

問題になるストレスは、『たえず気にする』あるいは『しょっちゅう気になる』などの神経の状態です。小さく、マイルドでありながら、神経にかかる圧は、長い時間を経て少しずつ心身を冒していきます。この種のストレスは、大きな船の底に開いた小さな穴が、ついには船を危険にさらすように、うつ病、がん、認知症、神経衰弱、循環器系の病気などが発病しやすい状態に人を追い込んでいきます。個々のストレスが微力のために気がつかないストレスであっても、頻度が多いのでその累積が心身におよぼす作用は強大です。息子夫婦と同居する二世帯住宅で暮らす老人が、当初は自分で望んだ生活形態でありながら、生活様式や生活感覚のちがいから別居を望んでも、いまでは転居の費用がなく、身動きがとれない条件で暮らす状態になっている場合などにこの累積作用が見られます。この老人の毎日は、気を遣うことが多く、嫌でたまらなくても、がまんしなければならない出口のない情況となっています。そこで、肉体は認知症になることで自己解決を図るなど、意識下で行なわれる健康の崩壊がかたちをとって浮上してきます。同じように、健康維持のために来る日も来る日も気をつかっていると、神経は酷使され、休まるときがありません。潜在意識には病気のイメージが絶えず打ち込まれ、発生を準備します。体の酷使は目に見えますが、神経のそれは自他ともに見えないだけに疎かになります。健康維持の大きな落とし穴です。

全国各地で市民マラソンが盛況ですが、毎年死亡者や事故者が出ています。運動の目的を健康維持にするか体力増強にするかでは運動のしかたを変えなければなりません。特に、中年以降は運動の目的を明確にしてから取り組むべきでしょう。健康維持の目的を取り違えて、記録を目標に掲げ、達成のために自分を押し潰すほどの悲壮感が漂うガンバリズムでは事故は起こってもおかしくないでしょう。スポーツの大記録を打ち立てた選手たちでさえ異口同音に語っています、「楽しんだ」と。健康維持のための運動には楽しむ要素がどうしても必要です。楽しむことによって長つづきさせる効用とともに、心理面からの作用が健康を増進させます。フィットネス・クラブのウオーキング・マシンを使うのと、散歩するのとでは大きなちがいがあります。マシンの前の風景は変わりませんが、散歩では行く先々の風景は四季ごとに刻一刻と変化し、木々と草花、雲と風は、表情を変えます。植物との対面、空気との交流浴、地面との接触は、人間を人間に還してくれます。

いつも元気な人に、「健康の秘訣は？」ときいても、たいてい「わからない」、「無理をしない」、「のんびりやっている」など、曖昧な答えしか返ってきません。その人たちは健康のために特別に何かをしたり、何かを食べたりしてはいません。その人の意識は、健康からも病気からも圏外にあるので、答えようがないのでしょう。意識下では「人間は健康であるのがふつうだ」と思っているのでしょう。

わたしたちは、健康という言葉をきくと、「病気でない」または「体が不調でない」などと連想しますが、言葉は否定形でも、「病気」「不調」が主体の語となっています。健康に対して用心深く、極度に慎重な人が、かえって病気を招きやすいのは、無意識のうちに主体の語が主役に躍り出るからです。「医者はその専門の診療科目の病気で死ぬ」といわれているほど、意識下に打ち込まれる同質で多量の情報は強い力をもってわたしたちを襲ってきます。

誰もが健康的な雰囲気を好むとはかぎりません。病気好き、病院好き、入院好きという奇妙な性向をもつ人がいます。この性向自体が病気といっていいでしょう。日常を空虚に過ごしていても病気になれば、まわりの人たちから同情されたり、慰められたりします。入院すれば医師や看護師から大事に扱われ、家族や知人が見舞いにきてくれます。当人は、自分が病気をつくっているとは思っていなくても、ビジョンが誘導しています。病院の待合室でよく見かける光景に、たまたま居合わせた他人に対して、きかれもしないのに自分の病気をしゃべりだす人がいます。話をきいてもらいたい、あるいは同情されたいということもありますが、自分を顕示したいこともあるのでしょう。空虚な人にとっては病気も空虚の埋め合わせや自慢の材料になっています。

現代では人間が発見した抗生物質に対抗して新たな細菌があらわれ、海外旅行をしてわが国にない細菌に感染することがあります。人知をもってどんなに用心しても、病気は完璧に防ぎきれるものではなさそうです。生活習慣病は防げても別の病気に罹ることがあります。病気は無数にあります。古くから知られている病気でも、原因不明のために完治の方法がわからない病気は数知れません。医学の研究者たちが懸命に原因や発生を探求してもわからないことはたくさんあります。日ごろ、わたくしたちは、「病気になったら病院に行けばいい」と思っています。医師ならば病気は何でも治してくれるという考えでいます。この期待に当惑している医師は少なくありません。

人は、自分が適切と思う肉体の管理をおこなってもなお病気に罹ったとき、近くに診断と治療の専門家いるというのは幸運中の幸運と受け取るべきであり、もしもその病気が治療不可能であるならば、現実を静かに受け入れることがたいせつです。わたしたちは無医村に住んでいるつもりでちょうどいいのです。

「健康でいたい」――それを望むのは当然ですが、その望みが強すぎると強い反作用が起こり、望みとは反対の結果になりかねません。健康の基本源は心の状態が平安であることにあります。食べ物については、あれがいいこれがいいと騒がず、運動は継続を眼目として、ガンバリズムをやめて八分目にとどめれば、体との調和がつねに保てます。もういちど繰り返しますが、健康の基本は、『少食で、感謝して食し、よく動く』です。『感謝して』が心の平安です。世にはさまざまの健康法がありますが、この基本則が組み込まれていないアイテムは参考程度にとどめておくのが望ましいでしょう。

健康の維持に躍起となると、病気になる

自主

つぎの三つの章は人生と人生の展開にとってたいへん重要な事柄について触れています。よい気分で日々をすごすには、仕事も生活も遊びも、可能なかぎり自分の意思で自由におこなえることでしょう。これが人間の本来の有りようです。ところが、この有りようをあえて避ける人たちが多数を占めているのが現実です。多くの人たちのよくない気分の大きな源泉の一つはここにあります。公私の生活で選択できる自由の範囲はおそらく半分もあれば上々でしょう。四割、三割であれば、よい気分で過ごす時間はせいぜい四割、三割しかありません。それでも上の部と思っている人たちがほとんどです。

若い時には人生は希望に満ちていますが、就職して五年も経たないうちに行く手を阻む壁や柵が目に入ると、尻込みして自由の範囲をみずから狭めています。乗り越えようと思えば乗り越えられるのに、動こうとしません。動かなければ進展は望めず、防衛心は強まり、思考は身を守ることに働き、底抜けの気分のよさなどまったく縁のない人生になってしまいます。

しかし、自由の範囲の拡大を求めて懸命に努力している人たちのあいだでも、着実に成果を上げていく人がいるいっぽうで、人一倍がんばっても成果が上がらない人がいます。本人たちはおそらく意識していないでしょうが、成果が上がりやすい人は物事に対する取り組み方が曲線的であるのに、上がりにくい人は直線的です。ほとんどの人が後者か、後者寄りです。そのような取り組み方のちがいがなぜ生じるのかを解き明かしていきます。また、同じような取り組み方をしている人同士でも、成果の上がりにテンポやリズムのちがいがあるのをわたしたちは理解しておく必要があります。人生を歩んでいくのに、人はすべて同じパターンをとるわけではありません。自分の波形がこうだから息子の波形もこうだろうとはかぎらないのです。

第十一章　自由と自立について

生きることは、刻々の選択です。〝自由〟とは、他者からの制約の有無にかかわらず、選択を自分の意思でおこなう人間の有りようをいいます。自分の意思でおこなう以上、選択をしないことも歴然とした一つの選択です。どんな人も意思のあるかぎり、生まれながらにして自由であり、いまも自由です（意思がなければ、自由もありません）。

散歩を習慣にしている人が、きょうはいつもとは別のルートを歩いてみたいと思って、そのようにするのは自由の行使です。これを選んであれを選ばない自由の行使は、散歩のルート選びから人生の重大な岐路に立った時の選択まで、その人の人生をつくっていきます。

散歩のルート選びには他者からの制約はありませんが、仕事、生活、社会活動、理想の追求など、生存と生きる目的にかかわる人生の根幹での自由の行使には、他者との関係、あるいは他者の存在自体が無視できない大きな制約になります。他者とは家族、特定の人たち、組織体、政府、社会であり、制約には心理的、経緯的、権能的なものがあり、法的なものもあります。自分がもっともたいせつにしている人生の目的を最優先する人は、制約を乗り越えていきます。しかし、そのために払う物心の犠牲が避けられない場合が少なくありません。人びとの多くは人生の目的をもっていないか、もっていても曖昧なので、ついつい安全と安楽を優先させてしまいます。自由の行使である選択は、つねに安全と安楽のための第二候補、第三候補になります。

安全と安楽のためでなくても個々のケースでは他者からの制約によって自由の行使を前にして逡巡し、選択に悩むときがあるのも現実です。愛している男性からプロポーズされている二十八歳の女性をみてみましょう。

彼女は、結婚して専業主婦になるか、仕事をつづけて職業人として生きていくかの分岐点に立っています。どちらのポジショニングにも魅力を感じています。彼女には両立させたい思いがあり、かれに告白したところ、かれは快く賛同してくれました。家事についても協力を申し出てくれました。けれども、彼女は結婚後の生活をよく考えてみると、両立に確たる自信はなく、また、現在のかれは賛同していても、結婚後には意向が変わるかもしれないとも思いました。職場の先輩たちが夫たちの心変わりに悩んでいるのを知っているからです。たとえかれが結婚生活に入ってからずっと協力的であっても、内心では不満をもつようなことになるならば、自分はいっそう困惑するだろうと案じています。彼女の両親は彼女に早く結婚してほしいと願っています。自由な選択を前にして彼女の心は揺れています。

彼女の場合は散歩のコースの変更のように他者からの制約のない自由ではなく、幾人かの他者の存在を意識せざるをえない情況での自由です。心理的制約をどのように外していくかは彼女の思考によります。選択に対しては表立っては誰も強制せず、圧力もかけてはいませんが、かれの心変わりの可能性、先輩たちの悩み、仕事と家庭を両立させていく自信のなさ、両親の希望、それに、『自分はいいとこ取りをしようとしているのではないか』という自己批判が圧迫感となって、彼女は、自分は自由ではないとさえ思っています。

職場、家庭、個人生活のすべてにわたって、わたしたちの選択には他者の存在が陰に陽に影響をおよぼしています。他者は、そのポジショニングによっては、ただ存在するだけで制約となります。他者の存在は、選択する側にとって世間でいうしがらみのように、現在はマイナス的であっても、過去にはプラス的であった時期があります。断ち切りたくても切れない他者の存在があります。

自由は、身勝手とちがって、選択の結果についての責任はすべて自分が負わねばなりません。このことが人を自由に対してたじろがせ、選択は第一候補ではなく、第二、第三の候補になってしまい、人に『自分は自由ではない』と感じさせますが、選んだのは事実ですから、自由は行使されたのです。ふつうの意味での自由は、つねに自分の望むままに、あるいは選択肢の第一候補を制約なしに選ぶことですが、その選択について他者の制約が比較的緩やかであっても、選択の結果のよくない面を拡大して思案すると、人は低次の候補に自由を行使してしまいます。その連続が人を欲求不満にさせます。

現状のままを選択しないで、他者の制約を振り切り、意欲をもっておこなう選択には、リスクをはらんでいる場合があります。特に生活の根幹にかかわる自由の行使は、生活の崩壊につながるおそれもあります。力量と運が勝負の鍵となります。

この生活の変容を賭けた自由の行使によって飛躍を遂げる人は、事前に第三者から見れば、こんな大雑把でいいのか、と危ぶまれるほど大胆です。本人は大胆とは思っていません。緻密な計算や詳細な検討をせず、直感に従っています。不確かの部分が大きい自由な決断は本能的といっていいほどで、計算、特に勝算の確率に依存しません。新しい環境と条件を生む行動に踏み出す力になるのは直感と気力で、論理や数理ではありません。

多くの人たちが現状に不満があっても、リスクをともなう自由の行使によって飛躍を図ろうとしないのは、何よりも安全と安楽を優先させたいからです。不満は燻《くすぶ》っていても、現代では不満をかりそめにも忘れさせてくれる当座の手軽な気休めがあるので、第一候補の自由を思いつつも、現状維持のために自由を行使しています。テレビがあり、ケータイがあり、おしゃべりの場があれば、毎日を何となく過ごしていけます。この気休めを長くつづけていれば、高次の自由への希求は表面的には薄らいでいきます。安易な気休めは、一見望ましいようでも、知らないあいだに感性と知力と筋肉を鈍らせ、気力、意欲、向上心を削ぎ落とすだけではなく、安楽志向を強めます。なるべく動かないで、食べて、寝て、無料の演芸や気休めがあればそれでいいとして、行動力を衰弱させます。安楽は、他者の安楽の度合いと暮らしぶりを覗き見させることに使わせ、他者と自分との比較意識を増長させます。暮らしぶりが自分より上位にある他者を見れば不満は膨張し、下位にある他者を見れば安堵し、同位であれば上位を望んで、人を片ときも落ち着かせません。安楽は安楽でさえなくなっています。

環境と条件を変える自由を行使しようとすれば、他者の制約ができるだけ自分におよばない要件として〝自立〟があります。忍従の環境から自立をめざして成し遂げた事例をみてみましょう。

夫婦関係の上で長いあいだ不幸だった女性（六十二歳）がいます。夫は大企業に勤める典型的な会社人間であり、家庭では妻に対してやさしさのかけらもない亭主関白でした。かれは出世して役員にまで昇進しています。かれにとって家は、寝床があって、風呂場があって、妻という名の家政婦がいるだけの場所だったので、子たちは母子家庭の思いをして育ちました。毎日遅くに帰宅して食事をしているときも妻には一言も声をかけず、そそくさと食べ終えると書斎に引っ込んでしまいます。家族との会話は用件の伝達と返事の取り交わししかありません。それでも彼女は、子たちが不在がちな父親に対して疑念をあらわせば、父親の立場を理解させることに努めました。父親に蔑《ないがし》ろにされる母親を見かねた子たちが父親の態度を非難すれば、きびしくたしなめました。夫が定年を迎えた時、彼女は離婚を切り出しました。夫は驚愕し、激怒しましたが、二人の息子は母親の応援にまわり、離婚は成立しました。彼女は慰謝料を求めませんでした。彼女は十二年前の五十歳の時に離婚を決意し、このトシで自分にできる仕事はホテルの裏方の業務と考え、その時以来、ホテル業を学び、英会話をおぼえ、栄養士の免許も取得しました。離婚後、最初はビジネスホテルに勤めましたが、著名なシティホテルに引き抜かれ、いまでは職場で高い評価を受けています。

自立とは、ふつうは経済的自立をいいますが、彼女のように環境と条件を一変させるような自由の行使には、物心ともに自立していなければなりません。経済的自立は、自立の重要な一部ですが、すべてではありません。真の自立とは、他者に物心とも依存しないことです。彼女には経済的自立の前に、まず精神の自立があったことに注目すべきです。彼女は、悩みと悲哀をかかえながら主婦と母親の責務を果たしつつ将来を模索し、あえて息子たちを味方につけようとせず、孤独のなかで自分の歩むべき道を見出しました。

精神が自立していない人たちはたくさんいます。子離れしない親、弟子離れしない師、組織離れしない職員がいます。肉体の自立という点では、医師を当てにして不摂生をつづける人、五体確かなのに体を動かそうとしない高齢者、食べたい物を食べつづける肥満者がいます。生活の自立では、家の中の事は何でも妻にやってもらう夫、新しい機器の操作をおぼえようとしない妻、業者に過剰なサービスを求める客、子のしつけを学校に要求する母親がいます。社会での自立では、人びとに迷惑をかける人、公共の場と我が家の区別ができない人、政府と自治体の政策に無関心でありながら施行されれば文句をいう人、無思慮でいつも多数に与《くみ》する人がいます。

これからのあなたは、経済的自立だけに甘んじないで、可能なかぎりすべての面での自立を成し遂げていくことをおすすめします。それがよかったと思う時がかならずきます。あなたは毎日くたくたに疲れて帰宅しているでしょうが、あえて自分の事は自分でやる習慣をつけてください。奥さんやお子さんがやってくれたならば、ありがとう、と言ってください。小さな事からはじめるといいでしょう。脱いだ履物は揃える（家族の履物も同時に揃える）、洗い物は洗濯籠に自分で入れ、洋服ダンスには自分で衣類を納める、布団は自分で上げ下げするなどです。「家事と育児は女房まかせ」を少しでも減らしましょう。特に、育児は父親の思念と行動が子の成長に大きく影響します。多くの面で自立度の高い父親は、言葉でなく、行動で自立心に富んだ子に育てていきます。子は父親の背中を見て成長します。そのように育てられた子は一生涯生活に困ることはありません。

休日には奥さんといっしょに量販店に行ってください。商品の値段、パッケージの構造とデザイン、表示、ポジショニング（陳列の位置と占拠のスペース）と競合関係などを観察します。通路やレジでは、それとなくどのような人がどのような商品を買うのかを見て取ると、時代の様相がわかるでしょう。高齢者の男性が少なからず目立ち、三十代の主婦が加工食品を多く買っているのに気づき、菓子の種類の多さと売場の大きさに驚くでしょう。

あなたの奥さんが大根一本を買うのに、山積みの中からなぜこれを選んであれを選ばなかったかをきいてみてください。首根っこのちがいが品質の決め手となったのを教えてくれるでしょう。奥さんがその大根を味噌汁の具に使うとき、味噌を溶くタイミングが煮立ちばなであるのを見るでしょう。

あなたが調理をはじめ、家事全般を少しでもおぼえると、奥さんが寝込んだときや不在の日に戸惑うことが少なくて済みます。あなたが老齢になったとき、奥さんがいちばん心配するのはあなたが一人になったとき、あなたがちゃんと家事をやっていけるかどうかです。多くの男性は口ではやっていけると言いますが、やってはいけても、内容は雑で、特に、食に極端な偏りが出てきます。奥さんのその心配は高齢化社会ならずとも非常にありうることで、男が先に逝くとはかぎりません。夫の生活の自立は妻を安心させます。家事は体幹から指先まで使うので健康の維持にも役立ちます。

あなたの奥さんは、日常の買い物のほかにもあなたが知らない知識や情報をたくさんもっています。その知識と情報はあなたの生活と仕事に役立ちます。ヒントや、きっかけとなる言葉がしばしばあるでしょう。奥さんは、あなたが気軽にきけて、しかも出し惜しみをしない唯一の情報提供者です。あなたが奥さんに知識や情報を問う時、奥さんは立腹するでしょうか？　あなたがきいてくれたのをうれしく思うはずです。奥さん自身はもっと知識や情報を豊富にしてあなたの役に立とうとするでしょう。一人の人間が、どんなに物知りで、事情通であっても限界があります。あなたは、二倍の知識と情報を簡単に手に入れられます。

自立についてこのように具体的に細かく述べるのは、自立への意識は小さな事からはじめなければ育たないからです。子どものしつけや教育と同じ手順をふみます。わたしたちはトシを重ねたからといって大人になったとはいえません。わたしたちは死ぬまで成長すべき子どもなのです。自分で自分を鍛えないと一歩も前進できません。自立をめざして成功したあの女性は、五十歳で一から学びました。自由と自立に関するかぎり、人は成長する子どもとしての自分をつづけないと、自由と自立のすばらしさを享受できないでしょう。意思が求める自由な選択肢の第一番目を避けて、世間知による分別で選択すれば安楽かもしれませんが、生の躍動を味わうことはありません。

自由と自立は、それを強く希求する情熱のある人だけに許された特権です。情熱という点火プラグがなければエンジンはかかりません。この希求が自分にとってあともどりできない重大な事柄であれば、孤独のうちの出立となります。願望であり、沈黙の中での作業となります。

自由と自立をめざすと、不機嫌や欲求不満とは無縁になります。それらのネガティブな感情に浸っているどころではなくなるからです。行動に入った段階で、前進しようとするその気力は高オクタン価の燃料と適切な粘度の潤滑油を含んでいます。ホテル業に就くことに成功した彼女は、決意した時から自分の選択に賭けた自由と物心の自立に滑り出していいます。おそらくその時点で夫の冷淡さは気にならなくなったでしょう。みずからの手で自分を解放しました。悲しい情況のなかで希望をいだいた者の照準は、的の中心にきりきりと絞られ、その行動は的に向かって放たれた矢のように進んでいきます。常人ではとても耐えられないことも生きる目的があれば苦になりません。

自由と自立は、人間を躍動させる

第十二章　余裕について

人が過去を振り返って、いくつかあった難局のうちで、最大のものを乗り切った体験を思い起こしてみると、懸命になって取り組んでいた真っ最中《まっさいちゅう》でも、一パーセントくらいはまったく醒《さ》めた目で状況を観察していたことに気がつくでしょう。この一パーセントが懸命のなかの余裕です。余裕がなければ人は挫折していたでしょう。

クルマのアクセルとブレーキには遊びの部分があります。ハンドルにもあります。走る、止まる、曲がる――の運転者が命じる任務の遂行には必要な設定になっています。人は、どうしても成し遂げたい、切り抜けたいと望めば望むほど、目的だけが視野の全体を覆い、余白はなくなり、目的の輪郭さえ明瞭でなくなります。この世の物事は、ことごとく単独では存在しません。見えない糸で他の無数の物事と結ばれています。ところが、当該の事しか考えず、行動も直接の関係事に限ってしまえば、周辺域への感知力が働かないので、目的の成就、状況の変革、難事の処理がむずかしくなります。

挿話

外国語大学に通う二人の女子学生がいました。習得したスペイン語を活かす仕事に就きたいと希望しています。A子は会話が得意で、B子は語圏の文化を学んでいました。しかし、よい就職口は見つかりません。少々焦りが出はじめていました。

彼女らは修学の思い出づくりにと、南米旅行に出かけました。そのツアーのメンバーで一人旅の老婦人と知り合います。帰国後、老婦人から二人に電話があり、写真の整理を助けてほしいと依頼がありました。老婦人が希望したいくつかの候補日は、どの日もA子の会話のレッスンの予定日とかち合っていました。A子は、この大事な時期にレッスンを一日たりとも休みたくなかったので、B子だけが会うことにしました。B子にもチャランゴ（ボリビアを始原とする弦楽器）の定例のレッスンや、民俗信仰の研究会の日程が組まれていましたが、彼女は先方の年齢と都合を思い、承諾しました。

B子は指定されたホテルのラウンジで老婦人と会い、整理を手伝ってあげました。老婦人は息子に付き添われてきていましたが、息子といっても初老の紳士で、かれは彼女らの楽しかった旅の話には口出しせず、黙って見守っていました。

後日、老婦人からB子に返礼として食事の招きがありました。当日は、体調を崩した老婦人の代行として息子がB子を接待しました。かれは商社の社長で、ラテン・アメリカとの取引に力を入れる意向をもっていて、B子に入社を丁重に要請しました。彼女は思わず二つ返事で答えようとしましたが、思いとどまって丁寧に謝意を述べたあと、会話はA子のほうがうまい、それはお母さまもご存知だ、と伝えました。するとかれは、うちの社にも会話ができる人間は何人もいるが、その国の歴史や文化、伝統や習俗を知る者は少ない、これからのビジネスはそのような知識をもったうえでの活動が望まれる、と答えました。B子の就職は決まりました。

この話にはB子が余裕をもっていたのがみてとれます。それも一つや二つでなく、さまざまな面での余裕です。他人を手助けする余裕、自分の都合よりも相手の都合を優先させる余裕（会う機会が稀な人との面談の機会が生じたとき、面会が自分にメリットがなさそうな場合、定例を動かさない人がいます）、高齢者である相手の立場を配慮する余裕、千歳一隅のチャンスにもかかわらず、自分よりも友人を推薦する余裕、語学を学ぶのに言語だけでなく語圏の社会を知ろうとする余裕です。

願望の実現のプロセスは、どんな精緻な予測計算技術をもってしても予知は不可能です。わたしたちにできることといえば、むだになってもいいからできるだけフィールドの多面的な展開と拡張でしょう。損益の観点から、金銭的、時間的、労力的には損になっても、新しい経験は新しい展開を促進させ、将来の実りを豊かにさせます。新しい経験はすぐには役に立たなくても忘れられたころに多額の利息を付けてもどってくることがあるので、目先の損得勘定だけでの行動では、人生はそれなりの小さな空間にとどめおかれてしまいます。

人は、問題に直面すると、解決のために直線的に進みます。緊張する情況にあってはなおさらです。直線的行動は物理学的には効率がよいのですが、人間界ではしばしば背きます。B子のように求職活動のさなかにあって、無関係な行為が最良の結果を出しました。自分の問題から離れて相手を思いやる気持ちは、曲線的であり、立体的です。他方、A子の思考と行動は、平面上に引かれた直線です。A子とB子のように同じ環境と条件にあっても、人の運命が同じでなくなるのは、それぞれの人の内部世界が異なるからです。その差異の一つが余裕です。

どんなに重大な問題に直面しても、あえて距離を置いて眺めるのも余裕です。失敗や失策は気の緩みによってだけでなく、過度の緊張でも起こります。緊張は、問題と自分との距離をゼロにさせるため、細部は見えても全体が見えなくなります。自分が緊張していると気がついたら、意識の上でポーンと問題を突き放して、改めて問題をとらえてみるといいでしょう。

共同作業では、参加しているメンバーが極度の緊張を強いられる場面があります。いきおい自分が担当している部署しか目に入らなくなります。映画やCMの撮影現場では、だれもが張り詰めた気持ちで自分の役割に集中しているので、まわりの空気は針の先で突いたら、いまにも爆発しそうです。撮影の目的は、それぞれの要素が絶妙に組み合わされ、融合された全体の見事な映像を撮ることです。部分は完全でも、部分と部分が調和を欠いたり、矛盾が生じたりしないように、全体を醒めた目で見ている人がいなければなりません。スタッフのなかにはそのような人がかならずいます。映像は何もしないで眺めている人がいてこそ、すばらしい出来栄えになります。

あなたが複数の要素が絡んだ仕事をかかえたとき、あなたのなかに醒めた目をもったあなたがいなければなりません。そのあなたが余裕です。一生懸命やったのに結果がよくないのは、余裕がなかったのです。

古代ギリシャの学者であったアルキメデスが浮力の原理を発見したのは、お風呂に入っていた時でした。すぐれた発見は集中一本ではなされません。弛緩《リラックス》という余裕があってはじめて見出されます。わたしたちでも、ある人の名前を度忘れしてしまい、一心に思い起こそうとしてもできなかったのが、あきらめて一心をやめたときに、何かの拍子に名前がふっと出てきます。わたしたちの脳は意思に即応するときもあれば、検索に時間がかかるときもあるようで、一心をつづける長い時間は脳の検索の妨害をしているのかもしれません。人間には、懸命にやっていながらも、ある時、ふっと懸命から離れると、懸命の成果が得られるという逆説的な働きがあります。ふっと離れる余裕が生んだ成果です。

余裕がないと生命を落とすことさえあります。数年前の事です。天候が急変した冬山で遭難事故が発生しました。リーダーに引率された六人の登山の愛好者たちのグループです。連休を利用したとはいえ、連休明けの前夜には東京にもどってこなければなりません。登山計画の背後には、忙しい勤務の日程のやりくりがあり、日程的にも余裕はありませんでした。リーダーはこの山を夏山で経験していました。標識の位置も知っています。途中で天候の変化の予兆はありましたが、休憩小屋での会議の結果、「せっかくここまできたのだから」の気持ちが計画を押し進めてしまいます。しかしその時点では、標識は急変した天候の激しい降雪で、すでに埋もれていました。仲間のなかには強行を危ぶむ人もいたでしょうが、おそらくグループからの離脱者になるのを恐れて同調してしまったのでしょう。

一般に、登山者に対しては「引き返す勇気をもて」といわれています。勇気の意味は、危険の可能性を前にして下山する決断力のことと受け取られていますが、グループ登山のじっさいは『仲間はずれにされる勇気をもて』です。自分は危険だと思っていても、自分を除く全員が続行に賛同すれば、自分はやめるとは言い出しにくい雰囲気ができあがります。臆病者の烙印を押されること、帰ってからの気まずさ、仲間たちへの義理立て、今後の付き合いなどの思惑が連鎖して引き返す決断を鈍らせます。グループ遭難はこうして起こります。

登山にかぎらず、どんなに親しい間柄でも肝心の時は、拒否する余裕をもっていなければなりません。余裕は土壇場での切り札になります。仲間はずれになっていい、付き合いがなくなってもいい、臆病者と罵られてもいい——これを受け入れる余裕がほしいのです。日常の人間関係でも同じです。一千万人が賛成しても、自分の考えは反対ならば反対を表明し、行動すべきです。

金銭の余裕といえば、借金がなく、一円以上の余剰金があることです。収入は少なくてもその範囲内で暮らしているかぎり、家計はプラスです。将来の事は天にお任せして一日一日を倹しく暮らせば、気持ちの余裕が生まれます。この余裕があるかないかが真の豊かさです。収入はほどほどあっても、多額の利息を負った長期の借金があれば、月々の返済は計算上では収支が合い、少々の貯蓄が可能であっても、気持ちの上では余裕がありません。その余裕のなさが、防衛心を強化し、精神を萎縮させ、神経をつねにネガティブに反応させます。

住宅の購入に際しては、自分の気持ちに変化が起こることを勘案して慎重に対処すべきです。月々のローンの返済額は毎月の家賃よりも低いという謳い文句に乗せられて、若いうちから住宅ローンを組んでしまう例が少なくありません。契約した時点で住宅が自分のものになったと思いますが、法的には正しくても、実質的には自分の持ち家と宣言できるのはローンを完済したときです。業者は、金利、税金、保険、保証、特典の面など、さまざまなメリットを訴求して取得を促進させますが、住宅の購入は多額の借金の発生であることには変わりありません。購入したあとでは、いつでも移転できるという気持ちの余裕はなくなり、心は硬直してしまいます。金銭的な問題よりも、硬化する心のほうがその後の人生に大きな影を落とします。

空間の余裕である余地が人の群れで埋め尽くされると、死を招くことがあります。十年前に一地方都市で起こった惨事は、いくつかの教訓を残してくれました。市が主催する花火大会を見物にいく群集で膨れ上がった歩道橋は、身動きがならないほどの混雑でした。大都市でのラッシュ・アワーの電車の中以上の状態になっていました。それでも人びとは橋を渡ろうとして階段に押しかけました。パニックは橋の上で起きました。人びとは将棋倒しになり、子どもたちは踏みつけられ、圧死させられました。群集*が一つの方向に流れていく危険な現象をまざまざと見せつけた事件です。

事後は、自治体と警察署と警備会社の三者のあいだで責任のなすり合いがはじまりました。翌年には市長選挙がありましたが、イベントによる人気獲得の行政の見直しを訴えた候補は落選していまいました。これも現代の群衆を象徴する結果となりました。

＊この本では、大勢の人たちが特定の場所に集まった群れを群集、人間や物事について既成の諸価値を尊重するバーチャルな集団を群衆と表記して区別しています。世の人びとの大勢を占めているのは群衆です。群衆には社会的地位の高い人もいれば低い人もいます。群衆はたやすく群集になります。

これからの世の中では、空間の余裕のない場はできるだけ避けたほうがいいでしょう。混み合う場所には足を踏み入れないことです。現代は、政府から商店まで人集めが盛んですが、自分の身は自分で守るほかはない時代です。群衆は人の集まるところに集まりたがります。歩道橋の惨事は、人が橋の上に溢れかえっている異様な光景に惹《ひ》かれて自分も行ってみたいと思う人たちが上り階段に押しかけたのでしょう。危機意識とは反対に、むしろ「みんなが行くから」という奇妙な安心感が働いたのでしょう。大都市での毎朝の通勤ラッシュにうんざりしている都市生活者なら目を背けたくなる光景でも、地方都市の人びとにとっては、人の超集合の大賑わいは珍しく、楽しそうにさえ映ったのかもしれません。

危険を避けるのも人生を開いていくのも余裕しだいです。余裕は、貧富にかかわらず、もとうと思えばもてます。自分の安全を守り、自分を進化させるか否かは余裕の有無しだいです。いまは収入が少なくても、気持ちの上で余裕があれば、今後も金銭に困ることはなく、むしろ収入増の機会を招くでしょう。本人は意識しなくても金銭の豊かさをすでに先行させています。

日常のルーティンな動作にも余裕をもつ習慣をつけてください。あなたが仕事でどんなに忙しくても、その日の職場でどんなに嫌なことがあっても、帰宅して家の前に立ったらドアのノブに手をかけるまえに、ちょっとだけほほ笑んでください。そのちょっとの余裕がほしいのです。職場と家庭の切り換えです。ちょっとの余裕が、あなたを迎える家族を和ませ、その家族の笑顔があなたに生きる余裕をあたえるのです。

余裕は、道を開く。身も守る

第十三章　人の開花について

人は人生を歩んでいく過程で、ある時期を迎えると、蕾が開いて花となるようにそれまで隠れていた才能や特技が表面にあらわれてきます。開花時期と期間は人によってさまざまです。三歳で咲き始める人もいれば五十歳を過ぎてから開花期を迎える人もいます。少数ですが、二度咲き、三度咲きを経験する人がいます。学芸、技芸、スポーツなどの直感的能力は、早々と幼児期に開花し、いっぽう多要素集約的な能力である事業、統率、教導、開発、企画などは、青年期から中年期での開花が多くみられます。開花している期間では、十年で落花する人もいれば五十年も咲きつづけている人もいます。早い落花はかならずしも凋落ではなく、新しい人生を歩みはじめる別の才能の発露となることがあります。人の才能は一つとはかぎりません。むしろ人は複数をもっていているのがふつうです。発芽の機会がなかったのか、気がつかなかったのか、機会があっても活かす気がなかったのでしょう。あなたもいちど自分のいろいろな才能、たとえば、知力、感性、直感力、指導力、説得力、行動力などを見直してください。一般に、人は自分の能力に無関心でありすぎます。能力に気づいて伸ばすべきです。

芸術やスポーツなどの特殊な才能の分野でなく、ごくふつうの業界での職業人であっても、開花時期は人それぞれです。本人自身が自分は並みの人間でしかないと思っていた人が、中年以降に見事な花を咲かせることがあります。もっと遅れて老年期に満開になる人がいます。開花の時期と期間は一律ではありません。しかし、人びとはせっかちで、少年期に芽が出なかったならばその人間はたいした人生は送れないと決めつけています。特にわが民族は、若さを高く評価しがちで、人間はスタート・ダッシュでいち早く頭角をあらわさなければ能力がないとでも思っています。親の多くは、わが子の学歴をすべてに優先させるために、幼いころから塾通いをさせ、体を使う遊びをさせず、自然界に親しませず、芸術作品に触れさせず、その結果が脆弱な体質と感性の鈍化を促しています。ひとたび世の中に出れば、学力という既知の力では未来という未知の扉を開く力の半分にも満たないのを親たちは理解しようとしません。学歴が目先の衣食住の取得に少しばかり有効であっても、子の人生が三分咲きのままで枯れてしまうことに思い至りません。その子の意識は、成人前にすでに老いてしまっています。子が勤め人の道を選んだならば、組織体では、信望、直感力、指導力、見識、判断力、決断力が物を言います。これらの資質は成人前に形成されます。教科書からは育ちません。

多くの人たちは、人並みに仕事ができればそれでいいと思っているでしょうが、その思いは多分に自分に言いきかせている思いでもあります。自分の魂が燃え尽きるほどの働きをしたいという望みは、潜在したままになっています。望みが蓋をされた状態が、心の奥底では何か満たされない気分をつくっています。抜きん出る人を羨望し、時には意に反して嫉視することもあります。能力の発揮が人並みという平均的レベルに甘んじるのを正当化してくれる世間の忠告、たとえば「いまのままの生活でじゅうぶんではないか」「自分を買いかぶるな、高望みするな」「残念ながら、いまからでは遅い」などとまことしやかに忠告してくれますが、何らかの契機でみずから見出した能力を全開させれば、生きる自信を深め、大きな満足をえます。弾みのついた能力はさらに高まります。

多くの人たちが自分の才能を発見する機会をもたないのは、あえてフィールドを広げようとしないからです。ある仕事を担当せよと命令を受けたとき、それが未知の分野であれば尻込みしたくなりますが、こちらのほうから挑んでいくのがいいのです。命令でなく打診であっても、引き受けたほうがいいのです。新しい任務の受け取り方によってその後の仕事の幅と奥行きに大きな差が出てきます。

わたしは若い時、上層部の不興をかってしまい、左遷されましたが、それが契機となって仕事の幅が大きく広がり、奥行きもぐっと深くなりました。あなたが製造業の大きな組織に勤務していて現在は総務部の一員ならば、ほかの部署である生産、開発、営業、販売促進、経理、財務、海外業務、関連会社の管理などの分野を他人事と思わず、その部署の仕事に関して、担当者の迷惑にならない程度にできるだけ多くを教えてもらってください。また、異種業界に目をむけると、思考と感性の幅が広がります。さまざまな業界の人たちと積極的に付き合えばビジネスの視界は立体的になり、着想は自由度をいちじるしく増します。自分の思いがけない才能や資質を発見するでしょう。

手がける物事に対しては、だれでも好き嫌いがあり、上手下手があります。この物事に取り組む感情と仕上げていく巧拙の関係について、相反する二つのことわざがあります。「好きこそ物の上手なれ」と「下手の横好き」です。わたしは、これらに加えて、「嫌いが上手」もあると思っています。

ある社員が社命によって、自分には向いていないと思っている職務を担当させられることになりました。しかたなく取り組んだところ、周囲の人たちも自分も驚くほどの大きな成果をおさめる結果になりました。ベテランとちがって白紙の状態からスタートしたので、先入主なしで仕事にむきあえます。好きでない分、それまでの仕事のやりかたを盲目的に踏襲せずに、仕事を客観視しながら進行させていくので、マンネリの打破、新しい発想、ユニークな着眼、抜本的な変更、しがらみとの断絶など、生産性を高めるための施策を簡単にやってのけたのです。

好きな仕事にたずさわるのは幸せですが、好きな領域にのみにとどまっていると、思考はその領域に閉じ込められてしまって最終の目的には寄与しなくなることが少なくありません。いわゆる専門バカになってしまい、仕事の全体効率は落ちてしまいます。好きな仕事を深耕していくためには、関連する分野にたえず目をくばり、外周に位置する好きでない仕事も知ることが不可欠です。能力と好き嫌いは、さしずめ無関係と考えるほうがよさそうです。自分の活動分野を早々と限定してはなりません。

就職して十年が経過したころ、幼少時からの人生の進行を振り返ってみたとき、『どうも自分は何事にもスロー・スターターだ』と感じる人がいるいっぽうで、『いつも出足はいいが、そのあとが停滞するようだ』と感じている人がいます。おおかたの人たちは、自分の進行の具合について何も感じていないでしょう。印象に残る変化はなく、スローでもクイックでもない標準的な進行と受け取っています。

自分をスロー・スターターと意識している人は、焦らないし、不遇であっても嘆きません。目の前の仕事を着実にこなし、将来を肯定的なビジョンで見ています。とりわけ、生来が物事に対してつねに楽観的な見方をする人ならば、『あの世でよくなればいい』くらいに思っています。スロー・スターターであるために、同情されたり、見下されたりすることはありますが、他者からの評価を気にしないし、運気が上昇に転じても、浮かれることはありません。

自分はアーリー・スターター（このような言葉はありませんが、スロー・スターターの反対語と解釈してください）であると意識している人も落ち着いています。良い事がこのままずっとつづくとは思っていません。運気が暗転しても動揺しないし、新たな状況を待ち、その時機がくれば、状況に適応してすぐに立ち直り、成果を上げます。未経験の環境に移ってもたちまち頭角をあらわします。

スロー型とアーリー型が年代によって入れ替わる人もいます。若い時にはスローでも中年以降アーリーに変わる人がいます。その逆の人もいます。スロー・スターターにせよアーリー・スターターにせよ、自分の進行型と性質をある程度意識している人たちは、周囲の人たちと自分を比較しないですむ特性に恵まれています。競争状況にあっても、心理的なアップ・ダウンに振り回されないので疲れません。

スロー、アーリー、スタンダードのいずれの型に在っても、運行（運の方向と動きと強さ）の上で良い時期と悪い時期を体験します。全体の運勢を上昇と下降を繰り返しながらも趨勢として右肩上がりになっていく人たちに共通なのは、不調であっても焦慮しない、好調であっても有頂天にならない心の安定域の広さです。人は、運勢が下降している時には黙って耐え忍ぶことはできても、上昇の時に舞い上がる気分を抑えることは簡単ではありません。失策の多くは、絶好調の時の抑制のなさが引き金になります。やる事なす事ことと万事がうまくいくと、まわりの人たちがバカに見えて、その態度が露骨に出ると、人間関係にひびが入り、取り返しがつかなくなります。加えて、運勢が下降に転じたときには協力者はなく、失墜は必然となります。むかしから「失意泰然」はできても、「得意泰然」はきわめてむずかしいといわれています。

勤め人とちがって、才能が早くから開花することが必須の条件の職業に、芸術とスポーツがあります。どちらも華やかな舞台であり、志望する本人はもとより、親たちが熱心になります。毎年、おびただしい数の若者が成功をめざして参入をはかりますが、それで生計を立てられるまでになる人はほんのわずかです。総じてわが国の若い人たちは、見映えのよい職業に就きたがる傾向が強いといわれています。パリには画家志望、ウィーンには音楽家志望の青年たちが溢れていますが、帰国後にはほとんどの人が専門職に就けないでいます。同じ三歳でピアノを始めても、世界の大舞台に立つ人と舞台とは無縁な人に分かれてしまう非情な業界です。現代では才能の審査を受ける機会はむかしに比べて多く、才能が埋もれてしまうことは避けられる環境にあります。才能で生きる業界は正直であり、そのぶん残酷でもあります。プロ・スポーツ界は芸術界よりも、もっと厳正で、結果がすべてです。ジュニアで開花していなければ、プロとしては立ち行かない時代です。華やかな舞台で脚光を浴びたいために、才能の分野で一旗揚げるつもりなら、その欲望がすでに不成功を約束しています。格好がいい職業だから、ラクして儲かるから、時間に拘束されないからなどの見栄、利得、怠惰が動機であれば、血のにじむような修練は長つづきしません。

芸術やスポーツが好きならば、プロをめざさなくても、現代ではアマチュアとしてじゅうぶん楽しめる環境にあります。アマチュアはアマチュアならではの特権（締切りがない、勝負に圧力が少ない、収入に影響がない、形式を自由に創造できる）を活かして、ぞんぶんに愉快な時がすごせます。芸術もスポーツも、起源をたどればプロはいませんでした。太古の人びとはそれ自体を楽しんでいました。

人の開花ということでは、職業の才能や資質の点だけではなく、人生の個々の分野、たとえば健康、富、自己存在感、人間関係、願望の実現、幸せな暮らしなどにも当てはまります。

青年期までは病弱であっても中年以降は病院と無縁になった人、貧しい環境に生まれても老齢になってから裕福になった人、若い時には何不自由なく暮らしていたのが高年期に入ると貧窮に落ちる人、熱烈な恋の末に結婚したものの、やがて夫婦間に修復不能のひびが入り離婚してしまった人。このような人たちも、その先はどうなるかわからないのが運命です。開花、盛花、落花はあくまで未定です。長生きの時代ですから老年期に咲く場合もあり、遅咲きや二度咲きは大いにありうる時代になってきました。人間はどんな年齢の人でも開花を待ついくつもの蕾を秘めています。

人は、見事な開花を待ついくつもの蕾をもっている

自他

この世とはいったい何でしょう。一言でいえば〝人と人〟です。人の喜怒哀楽のほとんどは人と人を舞台にして起こります。

〝人と人〟との場は、人にさまざまな気持ちを起こさせます。わたしたちの外部世界にはたくさんの人たちが暮らしていて、人それぞれに考え方や感じ方をもっていますが、表面的には何となく調和的にすごしているように見えます。常識とか社会通念とかいわれる一定の枠が互いを規制しているのでしょう。ところが、この枠の実体は曖昧で、長年にわたって固定されているものではなく、経済構造と生活形態の変化で、常識や社会通念もまた変化します。大都市と郡部でもちがいが生じてきます。世代間でも異なってきます。他者と自分は互いに異邦人になります。それでも、一定のエリアに居住する人びとは、エリアの中での基本的な考えについては多数派と少数派に分かれていて、旧守が多数、変革は少数になる例は少なくありません。このためしばしば両者のあいだに軋轢が生じます。

多数派は一見したところ、派内には波風が立っていないかのように見えますが、物質獲得の競争とミーイズムは、多数派の中にも否応なしに浸透し、派内の人びとのあいだに比較意識を生み、人びとは、孤立、落後、敗退の不安をいだいています。人は疎外感を恐れ、自己存在感の充足を求め、ミーイスト自身さえもつねに充足の機会に飢えています。人びとは自分可愛さの度を強め、〝人と人〟は、〝人対人〟に変貌しつつあります。しかし、いっぽうでは、この風潮に気がつき、多数に巻き込まれず、独自の処し方を見出そうとする人たちが少しずつあらわれてきています。人は、〝人と人〟との中で、どのように生きるかを自問する時代に入っています。

第十四章　期待について

ある人が、電車の中で老人に席をゆずったとき、老人は礼のひと言もいわずに当然のことのような態度で座ったので、ちょっぴり気分を害しました。常識の期待が裏切られた小さな出来事です。

人は、だれでも心の内に、『人間はこうあるべきだ』という考えをもっています。いわば、人間の有りように対しての期待です。総理大臣もホームレスの人も、考えの内容は異なっていても、考えをもっていることには変わりありません。この考えは哲学や思想のように体系立ったものではなく、また、信念のように一貫したものではありませんが、人間の態度と行動を律しようとする道理です。

しかし、律し方は、自分に対しては甘く、他者に対しては辛くなりがちで、道理のじっさいは、『他人《ひと》は自分に対してこうあるべきである』という期待になっています。『こうあるべき』のこうは、態度と行動をはじめ、言葉遣い、服装、さらには、考え方や感じ方まで、思いのほか細かく規定されています。ただ、規定の厳格さについては人によって異なっています。常識レベル以下では絶対に許さない人がいるし、許容幅を広くとっている人もいます。人は、このように他者に対してつねに裁判官になっています。イエスは説いています、「人を裁くな」と。人が人と出会えば、あくまで、『人と人』であって、『裁判官対被告人』であってはならない、と教えています。

『こうあるべき』の最大公約数が、常識とか社会通念とかいわれる世間一般の暗黙の了解事項ですが、現代のように思想や思考が自由な社会では、Ａさんの常識とＢさんの常識が一致しないことがあります。世代、立場、地域によっても差異があります。同一人でも、過去と現在ではちがってきています。将来ではまた変わるでしょう。常識が非常識になることもありえます。嫁と姑の口論では、互いに「それが常識でしょ！」と罵り合っています。ところが、嫁が姑になると、同じ事が繰り返されます。個人的にも社会的にも『人間はこうあるべきだ』の考えは、多分に自分の都合のよい面が採用されています。

常識のみならず、相手の言動とこちらの『こうあるべき』の考えが、あまりにも乖離していれば、不快感は避けられません。夫婦、兄弟、親子、嫁姑、職場の者同士、発注者と受注者など、不快感は、特定の間柄でも、また、たまたま居合わせた不特定の人とのあいだでも起こります。人が他者に対していだく期待はつねに過大であり、裏切られる結果となります。他者が自分好みの人間であってほしい思いは叶えられることが少ないのです。自身に対する期待も例外ではありません。

社交や付き合いの上ではなく、人間の有りようを真剣に考え抜いた末に、生き方として『人間はこうあるべきだ』と、確立された思想をもつ人は自他のいずれに対しても厳格です。だれもが認める立派な人ですが、融通性を拒否するので、孤高の人です。その人の思想には常識や社会通念の一部を受け入れないものもあり、付き合う人は限定されます。

また、少数ですが、他者を律することには関心がなく、『人間はこうあるべきだ』よりも、『自分はこうあるべきだ』という思想の人がいます。自分に対する徹底的な生き方への期待です。自己完成を求めて克己心が強く、同時に、責任感が強いために、事の結果によっては自責の念で苦しみます。自身の期待に対して完璧に応えられない精神的ストレスからの自己救済は困難をきわめます。宗教人の場合であれば、神仏の期待に添えないと自責するので、苦悩はさらに深く、きびしいものになります。

他者をはじめ、外部世界に対する期待の多くは、自分への何らかの物心の利得を外部世界に求めることから生じます。日常の付き合いの上だけではなく、環境の変化をむかえる人生の節々では、期待は大きく膨らみます。就職、結婚、出産、昇進、転職、転居、退職などの時期は、同時に期待の季節でもあります。期待どおりの結果がえられなければ、落胆、失望、不快の日々をすごすことになります。

他者に対しての期待が裏切られて、ネガティブな感情に覆われても、見通しの甘さや我欲が引き起こしたものですから、期待した本人の責任は免れられません。期待された相手にとっては、あずかり知らぬことです。就職や、結婚などで期待に背かれて幻滅を感じても、幻滅の原因は期待した心にあります。これに気がつかないと、期待と幻滅を繰り返します。青年が転職を繰り返すのは職場が原因ではありません。完璧に期待に沿える職場などありません。

期待が報われない結婚のよくある事例では、画家や音楽家を志望する青年と結婚した女性たちがいます。成功する夫を夢見て結婚したものの、夫はいっこうに芽がでず、生活が苦しくなると、安楽な生活がしたくなって離婚します。芸術家のあいだでは、「女性は、成功した芸術家と結婚すべきで、芸術家の卵とは結婚してはならない」とささやかれているほどです。女性は、相手に自分の夢を託しますが、自分は動かないで相手に期待する生活をしていては苛立ちが多くなり、他者依存の我欲はいずれ破綻してしまいます。夫が成功しようがしまいが、夫をひたすら愛する妻だけがこの苦境に耐えられます。

努力している他者に対して、自分の望みを満たすべきだと期待する人は、冷酷な面をもっています。プロ・スポーツの一部のファンは、贔屓のチームが負ければ選手たちに容赦なく罵声を浴びせます。婿の出世への期待が叶わないと、あからさまに婿を見下す外姑《がいこ》がいます。部下に期待して、期待どおりの成果が上がらないと、自分の指導力は棚に上げて部下を無能者呼ばわりする上役がいます。

自分が空虚であればあるほど、他者に対する期待感は増大します。自己存在感の充足を他者に強く求めます。その代表例が空虚な母親です。子に栄光の人生を期待し、子に必勝のプレッシャーをかけます。愛はとっくに期待にすりかえられ、親と子の行き違いが生じます。自分の期待に添えない子へのもどかしさが子への圧力となり、子は圧力に抗して家庭内暴力を振るったり、犯罪に走ったりします。親の愛が感じられないからです。内向的で感知力の鋭い子は、親のエゴを察して悩み、苦しみます。

期待の対象が人間であれば、期待して叶うのはむしろ例外といっていいでしょう。政府や自治体もまた人間であり、まして権力を本質とした人間集団ですから、政策の利得に与《あずか》れるのは、権力者に直結する一部の人たちに限られます。一般大衆は吸い上げられることはあっても、期待すべき何ものもないのが実情です。どのような政党が権力の座に就いても、程度の差こそあれ、本質は変わりありません。わたしたちは、程度の差で選択するのが精一杯ですが、期待すれば裏切られるのは目に見えています。

期待という意識がなければ、期待の裏切りはなく、心の平穏は保たれます。落胆も、詠嘆も、苛立ちもありません。思わぬよろこびをあたえられることさえあります。老人に席をゆずったあの人の行為が、もしも見返りを期待しない純粋な親切からであれば、相手の態度に不快になることはなく、その行為は大きな実りとなって返ってくる可能性があります。その人は実りがもたらされた理由には気がつくことはないでしょうが……。詳しくは『第二十一章　因果について』で述べますが、相手から見返りを求めない行為の純粋性はその人に豊かな実りをもたらします。

あなたは、他者にも自分にも過度の期待をもつことに用心しなければなりません。また、他者が勝手にあなたに期待するのは妨げられませんが、その結果が他者を失望させても、あなたが関与するところではありません。どれほど多くのスポーツ選手が、ファンと日の丸の期待に潰されていったことでしょう。期待という魔物の正体をいち早く見抜いて、自他の期待に決別した選手だけが世界レベルで勝ち抜いていきます。それは前人未到の孤独の道となります。

上役から命じられた新しく着手する仕事、あるいは初対面の人物との対人折衝などを前にしても、よい結果を期待することは好ましくありません。その任務がむずかしければむずかしいほど期待は膨らみます。よい結果がたいへん価値があるからです。たやすいものであれば、むしろ期待は起こりません。無意識のうちによい結果がえられるのが当然と思っています。仕事のできる人は、むずかしい仕事にも、たやすい仕事にも期待をいだきません。行動だけがあります。そもそも仕事の難易度を測るということに関心をもちません。仕事の内容の軽重も問いません。

上役が「きみに期待する」と言っても、聞き流してください。ベストを尽くしても、時の運や、環境の事情によって、よい結果が出せない場合がありえます。よくない結果になっても、自信を失わないでください。あなたは、他者の言動はもちろん、他者の存在さえ無視してベストを尽くしてください。その結果がどうあれ、かならず意想外のかたちで報われます。あなたにとって大事なことは、自分に対しても他者に対しても期待という意識からの無縁の行動です。

期待する気持ちをどうしても払拭できない場合は、期待は最小限にとどめるのがいいでしょう。最小限の期待とは、「うまくいくかもしれないし、いかないかもしれない」という水準です。この水準は、どのような結果になろうとも自分が受け入れられる納得のいく認識であり、これから手がける物事の結果を、自分の希求から自由に解き放つ態度でもあります。あとは目的のためにベストを尽くすだけです。

あなたは、過去に経験した仕事の推進や対人折衝での期待と結果を振り返ってみると、つぎのような逆さまの現象に気がつくでしょう。『期待した結果は期待どおりでなく、あまり期待しなかった結果はよい結果であった』と。これは単なる心理的な帰結ではありません。あなたは、『人や物事に対して、利害損得の意識、または我欲をもったときにはうまくいかないが、もたなかったときにはうまくいく』という真理を体験したのです。期待ということ自体についての意識がないか、希薄な状態がよく、事前に結果についての予想や想定、仮定や思惑をもたない心の有りようがもっともよい結果をもたらします。

期待と無縁で行動する人の心には乱れがない

第十五章　有りすぎる自分について

おしゃべりの時代です。おしゃべりのツールの普及と環境の多様化で花盛りです。電話、ケータイ、Eメール、ブログ、チャット、立ち話、コーヒー・ショップでの会話など、どこでもいつでもおしゃべりができます。おしゃべりといっても、ほとんどが自分の事と噂話です。自分の事をしゃべりだすと、相手がコメントを挟んできても、それには応じないで、しゃべりつづけます。会話する二人がおしゃべり好きの女性ともなると、二人が同時に発言し、相手の反応にかまわずしゃべりだします。別れたあとで、二人ともが他の人に同じ事を告げ口します、「あの人はひとの言う事をきかないで、しゃべってばかりいるのよ」と。

出会った二人のあいだにポジショニングの差があれば、上の者が一方的にしゃべりまくり、きいているほうはただうなずくだけになります。会話の妙であるキャッチ・ボールはありません。現代のおしゃべりの多くは、投げるだけの一方通行で、相手が受けとめようが受けとめまいがどうでもよく、しゃべらずにはいられないのです。相手が話をきいてくれた感謝など思いもおよびません。一方的なしゃべりは抑えの効かない我欲の一つです。

このような一方通行のおしゃべりは、自分の何らかの主張です。その主張は、独りでいるときや、発言が封じられているとき、あるいは、やむをえず黙していなければならないときでも、胸の中ではつづけられます。口数が少ない人が主張性に乏しいとはかぎらず、多弁な人の何倍も内的独白でしゃべっている人がいます。老人や少し気の狂れた人が歩きながら独り言を口にしているのは、内的独白が外に漏れているさまです。これも主張のあらわれです。

日常でのおしゃべりは、たわいないものとはいえ、「あたしはちゃんとここにいますよ」というメッセージであり、とりあえず満足がえられます。しゃべる人が、聞く側の人にとって何の関係もない人物に対する苦情を延々としゃべったあとで、「すっきりした」と思うのは、その人物の前では抑えられていた苦情がそとに出されたことで、便秘が解消されたような生理的な効果があるのでしょう。しかし、苦情が解決されたわけではないので、翌日からは再び捌《は》け口《ぐち》を求めておしゃべりの機会を探します。

おしゃべりの程度ではとうてい満たされない強い主張性をもつ自分を自我*といいます。自我は生き方にまで自分を通そうとします。人はだれでも**自分意識と自我をもちあわせていて、その時どきによってどちらかがあらわれますが、その割合は人によって差があります。また、自我の強さにも差があります。

＊自我――65ページ参照

＊＊自分意識とは、〝自分という意識〟ですが、単に自分という人間を指すのとは異なり、「自分は他人に無視されるべき人ではない」という意識です。自己存在感ほどには自覚されませんが、消極的ながら主張性をもっています。この意識はどんな人にも深く根付いています。

おしゃべりに代表されるような自覚されることが少ない主張性をもった〝自分意識〟は、それでとどまるかぎりは自分に対して苦しみをあたえるほどの働きは起こしませんが、手軽な場を利用して、主張の充足が図れるので、たえずその場を求めて落ち着かない気分にさせます。

〝自分意識〟の部分が何らかの刺激を受けて主張性が強くなると、〝自分意識〟は〝自我〟に取って代られます。自我が意識のシェアの大部分を占めると、充足欲求も強くなります。欲求は友人や知人相手にしてのおしゃべり程度では充たされません。自我は、主張性の強烈さにおいて明瞭に自覚されます。自覚されると、自覚されるがゆえに、かえって表立つことはなく、胸の内にしまい込まれます。自我の人は、自分がどんなに価値のある人間であるかを自負しているのを他者に覚られないように用心深くなります。他者には、謙虚で無欲な人間として見てもらいたいからです。剥《む》き出しに「オレが、オレが」と強調する人は、口調とは裏腹で、自我は強くなく、単なる見栄にすぎません。自我の自覚さえもないでしょう。自我による自分への弊害は少ない人です。

だれでも自分意識とともに自我をもっていますが、それらが強いか弱いか、頻繁に出るか出ないかは、その人によります。人生に満ち足りているほど自分意識と自我は弱く、あらわれる頻度も多くありません。

重荷を負うことになる人たちは、寡黙で、内心は「自分は特別な人間である」と、ひそかに思っている選民意識の持ち主です。特別とは、才能、人格、意志、精神、理念において、「自分は抜きん出ている」という優越です。この人たちは、俗世の価値である名声、地位、金銭を否定しないし、追求もしますが、そのいっぽうでは誇りが高く、自分の生き方をないがしろにしてまで俗世の価値に夢中になることはありません。

この人たちは自我の表出を意識的に慎んでいるので、まわりの人たちからは好感をもたれ、俗世の価値は黙っていてもほどほどについてきます。お金に窮することはなく、組織体に属しているなら、標準以上のポストに就き、傍目には何一つ問題がなさそうに見えます。しかし、外見とは相違して、自我の欲求不満の抑制がきかないことに苦しんでいます。頭では優越の自負は誤りであり、愚かしいと考えていても、心は他者からの称賛を求めている矛盾に気がついています。そのような自分を変えたく思い、そのための努力もしているのに、いっこうに進展しないもどかしさに、思い余って宗教の門をたたく人も出てきます。自我の消滅をめざす座禅の道場に通う人たちのなかには、能力のある会社員、良妻賢母の主婦、名を成した芸術家、成功した実業家、信心深いプロテスタントの教徒、敬虔なカトリックの尼僧など、強烈な自我の持ち主とはおよそ縁遠く見える人たちがいます。この人たちは自分を見る目が厳正であり、自分のなかに巣くう自我の働きである虚栄心や偽善性、作為性や隠蔽性を見抜き、それらの悪性に悩み、自我の消滅をめざしています。道場を出て日常生活にもどれば、自我もまたもどってくるので、生活のなかで自我の不生を保つのは容易ではありません。

自我の人の内部世界では、欲望する自我、あるいは欲求不満に疼《うず》く自我を排除しようとして激しい葛藤が起こっています。自分の礼儀正しさは自我の防衛心、親切は自我による偽善、謙虚さは自我の装いではないかとつねに疑っています。本心からではない自分の美徳を怜悧にえぐり出し、不純な自分を見つめています。自我のあるかぎり平安は永遠に訪れないことを知っています。

どんな宗教も「自我の欲望を放棄せよ」と説いています。それを受けて、たていの人たちは、単純に「欲をもつな」という意味に解釈してしまいます。「欲をかかなければいい」のは、物欲と性欲くらいに受け取っています。しゃべりたくてしゃべるのは欲のうちではないと思っています。自分意識や自我の欲望の放棄の前提として、自分意識や自我に気がつかなければ放棄を図ることはできません。自覚しないまま、自分意識のレベルで自己主張や自分の存在の誇示で明け暮れていれば、自分が何をやっているのか、なぜやっているのかに気がつくことはないでしょう。そこで、つぎのような傾聴に値する説が近年あらわれてきました。「人間の成熟過程では、自我を強化し、自我と化した自分でまっしぐらに進む時期があってよい。この間に、悶着、葛藤、挫折、苦悩、恐怖をいやというほど味わうだろう。疲れ果て、進退窮まった時、これらの苦しみが何に起因するのかを知るだろう。人は、はじめて自我の放棄に目覚める」。

自我は、わたしたちの内部世界にしっかりと根を張っています。自我には強力なエネルギーもあれば狡猾な知恵もあります。自我は、きれい事を言っていますが、そのじつは我欲のままに物事を推し進め、みんなのためにと言いながら、自我の利得を企て、自我本位を見破られないように善人を装います。自我の弱い人はこうした自己欺瞞に気がつかないまま、自分はつねに正しいと思い込んでいます。うすうす自己欺瞞に気がついても、すぐにそれを正当化する口実をもってくるのもまた自我です。
　他者にも自分にも悪さをする自分意識や自我に気がついても、それを消去するのは並大抵の努力ではなしえません。専門家であるお坊さんたちでさえ、その域に到達できるのはほんのわずかです。わたしたちにできることといえば、できるだけ冷徹に自分の心を観察して、自分という人間をありのままに認めることでしょう。わたしたちは、我欲に駆られて粗暴な振る舞いもすれば、素直な気持ちで良い事も行う、冷淡でもあれば、慈悲心もある、尊大でもあれば、慎ましくもある、このような統一されていない自分を自認すると、自分意識や自我は依然としてあるものの、これまでのように他者に対して自分を印象づけようとする作為がうすらいでいきます。自己存在感のために他者を利用する欲望から少しばかり遠のいていきます。

「考えることといっては自分の事ばかり」の〝自分〟とはいったい何者なのでしょうか。常識的には、性格、性向、肉体、ＤＮＡ、経験と体験、思考、思想、欲望、好み、苦しみ、悩みなどが、ひとまとめになったその人固有の特性を意味しているようですが、きわめて曖昧です。生まれた時は、おそらく〝自分〟はまだいないでしょう。最初に出会う他者である母親、産科医、看護師、父親との接触からはじまって、兄弟、友だち、教師、異性、世の中の人びと、読んだ本に描かれた人物、映画の主人公などから、少しずつ〝自分〟が形成されていくのでしょう。形成されるといっても『セルフ・イメージ』です。
重要なのは、自分という意識の多くが、他者の存在によってあらわれるということです。他者は鏡のようなものです。鏡があるから自分があらわれ、自分を確認できます。たとえ独りでいるときも、記憶、想像、思考の働きで他者が脳のなかに立ちあらわれると、ただちに自分があらわれます。自分意識は他者あっての意識です。ただ一つ例外があります。他者を愛している場合で、愛には自分意識はあらわれません。愛が絶対であるといわれ、宗教が愛にもとづくのはこの理由によります（恋愛の多くは愛ではないことがご理解いただけるでしょう）。この逆も真で、自分意識も自我も消滅すると、人は、他者に対してのみならず、すべての生命にむくとき、おのずと愛が生じます。人里から離れて木々に囲まれた山中に独りで暮らす人が少しも葛藤や混乱に悩まされず、寂しくもなく、平穏に日々を送っているのは、その山の生命を愛しているからです。

おしゃべりに象徴されるように、事あるごとに他者を相手に自分の存在を確認することで、人はそのときは満足できても、相手をしてくれる他者がいない時間には寂しい思いをします。この寂しさは、相手のいない寂しさではないことに気がつかなければなりません。相手のいる寂しさです。自分意識が頭をもたげているかぎり、寂しさはいつでもどこでもつきまといます。ところが、独りでいても仕事や趣味に没頭して、脳が対物思考に稼動していれば自分意識はあらわれないので寂しさは生じません。

日々の暮らしのなかで自分意識や自我から離れると、どうなるでしょうか。他者の存在はこれまでとはちがった様相を帯びてきます。自分意識の鏡であった他者の存在はうすらいで、ありのままの他者を見るようになります。換言すれば、自分がありのままの自分に還ったのです。

自分意識から離れると、人の心は平安になる

第十六章　群衆について

群衆という集団の意識とその集団から離脱した人の意識を、湯船と露天風呂の入浴者にたとえて説明します。〝群衆〟の意味については、178ページに注記してあります。

大勢の人たちが湯船に浸っています。芋を洗うような混雑ぶりで、水は生ぬるく、人びとの垢と汗で濁っています。気持ちのいい入浴とは程遠い有様ですが、外気は冷たく、時折寒風が過ぎていきます。湯船から出るのも、とどまるのも、居心地のよくない情況です。湯船の百メートル先には、湯煙が立ち昇る広々とした露天風呂があって、温かい湯がたえず注がれています。そこには、わずか数人が気持ちよさそうに澄んだ湯の中で、脚を伸ばし、閑談を楽しんでいます。湯船の人たちはなぜ露天風呂に移らないのでしょう？　理由はいたって単純です。「みんなが入っているから」です。

露天風呂で快適な気分を味わっている人たちは、かつては湯船にいましたが、露天風呂の存在を知って移ってきました。とはいえ、スムーズに移れたわけではありません。湯船から出ようとすると、湯船の人たちから足首をつかまれ、引きもどされかけましたが、あえて振り切り、寒風を衝いて百メートルを走り抜けました。その間、少しも冷たさを感じませんでした。肌を刺す冷気よりも湯船の人たちの執拗な抵抗のほうがずっときびしく、つらかったのです。

「みんながそこにいるから」「みんながそうするから」「みんなが持っているから」という理由だけで自分の態度を選び、行動を決めるのが群衆の大きな特徴の一つです。〝はじめにみんなありき〟で、そこから『いる、する、持つ』の態度と行動が生じます。なぜ『みんな』なのでしょう。安心がいくからです。「生きるも死ぬもみんなといっしょなら安心」なのです。この気持ちは群衆のなかに深く根付いていて、戦争も平和もみんなといっしょなら安心します。しかし、『みんなといっしょ』を拒否する人に対しては、自分たちの気持ちを否定する者として動揺し、怒り、バッシングにかかります。そのいっぽうで、みんなといっしょの安心を拒否する人の勇気に、ひそかな羨望をいだきます。その羨望が抜け出す者に対してよけいに非難の度を強めます。

同期に入社した者は同時に主任に昇格する、隣人の子が大学に進学すればわが子も進学させる、同僚が住宅を購入したら自分も購入する——これが湯船の中にいる人たちの望むところです。この人たちは、みんなが同じ形をもつことはもちろん、考え方も感じ方も同じであるべきだと思っています。少々のズレは容認できても、質的な違いは是認できません。人が湯船の中で首まで浸るか、胴まで浸るかは問いませんが、湯船から抜け出そうとする者に対しては許すことができません。湯船の中に引きもどそうとします。

ところが、みんないっしょがいい、と思っている人たち同士が、ほんとうにみんないっしょでいいのかというと、そうではなく、同時に逆の欲望をいだいています。だれもが同じレベルであれば、自分は頭一つでも抜きん出たいと望みます。「みんないっしょ」と思いながらも「他人より上になりたい」という背反した二つの欲望です。これが悶着、怨嗟、嫉視を生み出します。このような矛盾した欲望をもつのも群衆の特徴の一つです。競争社会にかぎらず、いつの世でも人間の欲望のあるかぎり、社会はピラミッド構成をとるので格差は避けられないのに、群衆は理解しようとしません。自分たちの矛盾する二つの欲望が自分たちを混乱させていることにも気づこうとしません。

同じ価値観のもとでみんなといっしょにいながらも、みんなからは抜きん出たいという欲望は、つねに他人との比較に神経を尖らせます。栄光の階段を上がっていく者には羨望と嫉妬をもって、転げ落ちていく者には嘲笑と侮蔑をもって眺めます。群衆の『みんないっしょ』の場は、均衡がとれているようでも、中身は牽制し合っているにすぎません。群衆の一人ひとりは、落ちこぼれて孤立するのを恐れ、恐れているために群れたがります。

群れれば「みんな仲間」のように思えるからです。職場の人たちとの飲み会から国家的イベントへの参加まで、群衆は容易に群集になります。

群衆がいちばん恐れているのは独りぼっちになることです。仲間はずれにされ、置いてきぼりにされ、他人からは無視されることです。気分的には寂しさとなって身に染みます。わが民族がもっとも苦手とする気分です。この恐れのために湯船からの離脱の実行など考えられません。あえて独りぼっちになって、新天地に向かおうとする離脱者の一人や二人が出ても大勢には影響がないものの、自分たちの生き方とはちがう道を選ぶ人間に対しては非常に目障りに感じます。

他方、人は群衆のなかにあって、不運にも経済的に逼迫した状態に転落してしまうと、群衆からはもはや仲間とみなされず、湯船から放り出されてしまいます。その人たちのなかには一念発起し、投げかけられる冷笑と吹きすさぶ寒風を耐え忍び、湯量の豊かな露天風呂にたどり着く人がいます。そのような人を湯船の中から見ていた群衆の一部の人たちは、「いつまでもぬるま湯に浸っていては、たいした人生は送れない」と感知します。しかし、実行は思うほどには簡単ではありません。離脱希望者のほとんどが群衆のなかで生まれ、育てられ、食を与えられてきました。まわりには多くの恩人たちがいます。群衆からの決別は、その人たちからも離れることを意味します。恩人たちが離脱希望者を湯船に引きとめようとするのは、おそらく善意からでしょう。「世の中は甘くない。われわれといっしょなら助け合っていける」と忠告します。群衆からの離脱のむずかしさは、悪意よりも善意のほうが手ごわい相手になります。

挿話

貯金はないが結婚を考えている青年がいました。相手の女性も就職して間がないので、蓄えはありませんが、彼女はかれとの結婚を強く望んでいました。それぞれの両親の生活は安定していて、ほどほどの財産を築き、そのうえ、愛する子の新しい門出の時には多少とも金銭の支援ができるように、あらかじめ別途に準備していました。

若いふたりは、だれにも金銭の負担をかけずに新しい出立をしたい、と希望していました。特に両親には、就職するまでの生活と学費の面倒をみてもらったうえに、小遣いまで与えられてきたので、これ以上の援助は辞退するつもりでした。そこで、結納なし、挙式なし、旅行なし、届けだけと決め、両親と兄弟と友人たちを招いてのささやかな会食の場を設けることにして、親類縁者には挨拶状で済ますことにしました。

しかし、両親たちの落胆は大きく、とりわけ女性の父親の気落ちはひどく、親類縁者はふたりに対して「親の心　子知らず」と、遠慮のない勧告と容赦のない叱責を浴びせました。それでもふたりは、自分たちの新しい生活を築くためには、門出のその時が大事だと信じて、妥協することなく、人びととの絶縁を覚悟で押し通しました。

この場合、青年の内部世界では恩ある両親への心情と自分の信念との角逐が起こります。さらに、愛する女性と彼女が愛する両親の互いの希望の行き違いにも心を痛めることになります。親たちにとっては、子への思い入れとともに、世間体は無視できず、仕来りに従いたい気持ちがあります。どこの結婚式場でも案内板には、結婚する当人たちの名はなく、両家の姓が表示されています。これをだれもおかしいとは思わず、思っても、どうでもいいではないか、形式にすぎない、とパスさせてしまいますが、単なる形式ではないのです。そこにはゆるぎない仕来り、慣習、社会通念が居座り、それらがしばしば圧力になります。

後日談になりますが、若い夫婦はそれぞれの両親に身贔屓《みびいき》なく尽くし、和やかな関係がつづいています。親たちは、ふたりがいつも自分たちを大事にしてくれるのをしみじみと感じています。かつては若いふたりを誹謗した親類縁者たちは、そのような発言をしたことなどすっかり忘れ、老いていく親たちを「いい子をもって幸せだ」と羨んでいます。

この親類縁者のような人たちによって体現される群衆の行為は、組織体、団体、集合体でも同様で、仕来りや慣行を拒否して信念を貫くのは、並大抵のことではありません。物事の遂行のためには譲歩したり妥協したりしなければならないときがありますが、譲歩や妥協の習性をつけてしまうと、湯船から抜け出す機会は永遠に来ないでしょう。それどころか、いつのまにか足を引っ張る側に与《くみ》するようになってしまいます。

何かの契機で、群衆によって一つの大きな流れがつくられ、その中に入ってしまうと抜け出すのが困難になります。流れの先には滝壺が大きな口をあけていても、気がついた時には引き返せません。戦争、政治腐敗、経済破綻、社会混乱、家計圧迫は、流れができてしまってからでは手遅れになります。あながち権力者の責任とはいえません。権力者を選んだのはわたしたちなのですから。このような事態になる前に、自分は多数派である群衆に属していながら、群衆から離脱した少数派が正しいと判断する人がいても、身の安全から慎重を期して黙っています。しかし、まさに身の安全志向から身の安全が失われる例は少なくありません。

離脱者といえども流れに巻き込まれてしまいますが、事態を醒めた目で見ているので、パニックに陥ることは避けられます。この人たちは群衆のように対策に走らず、じっとしています。経験で耐え忍ぶことを知っています。群衆は、他人が走り出せば、他人を追い抜いて先を走ろうとします。このような事態では「みんないっしょ」ではなくなります。「われ先に」も群衆の特徴です。

「みんないっしょ」が幻想にすぎないのは、群衆自身がうすうす感じていますが、それを認めるのは恐ろしく、幻想でもいいから一体感を享受しようと試みます。自治体が手がける催し物にはかならずといっていいほど「みんないっしょ」またはその類語が利用されています。「ふれあい」「仲良し」「手をつないで」「輪になって」「仲間たち」がキャッチ・コピーに使用されています。現実がそうではないのをありのままに言い表しています。現代では所得格差、地域格差、業界格差、利権格差がじわじわと広がり、「みんないっしょ」は、もはや空念仏《からねんぶつ》になっています。一人ひとりが自分に適合した暮らしに切り換えなければならないのに、群衆はなおも「みんないっしょ」の考えに懸想し、格差に不平を言い、境遇に不満を述べています。「みんないっしょ」に拘泥するかぎり、群衆の一人ひとりの孤立への不安は深まるばかりです。

孤立への不安を忘れたい、不安から逃げ出したいという思いから、群衆は群れたがります。日本人は群れたがるといわれていますが、他国でも同様のようで、H・D・ソロー（アメリカの随筆家　一八一七年－一八六二年）も、自国の人びとは群れたがると語っています。群衆は仲間意識を求めて集います。『同窓生』『同郷の出』『同じ境遇』であれば、何となく分かり合えると思い、『贔屓のチームが同じ』『趣味が同じ』『持ち物の好みが同じ』というだけで親しみのような感じをもちます。長いあいだ疎遠であってもたまたま出会えば、『同じ釜のめしを食った』という体験は、強い一体感となって長く記憶に残っていて、互いの距離はぐっと縮まります。ところが、このような共通項を信頼し、連帯で始めたビジネスや活動は、進行過程で裏切られ、大きなダメージをこうむった例は数限りなくあります。裏切った側と同じくらいに裏切られた側にも責任があります。共同して物事を行うにはむしろ共通項のない者同士のほうが、甘えがなく、ビジネスライクに事を運べるので成功する確率が高くなります。

ここで、群衆がいちばん恐れている〝孤立〟と、似たような言葉の〝孤独〟のちがいについて述べておきましょう（辞書の上での意味のちがいではありません。この本での意味のちがいです）。孤立は『自分が属している何らかの集団から疎外されること』、孤独は『自分から好んで、なるべく独りでいる時間を多くもつこと』です。連れ合いを亡くした老いた親が、息子夫婦と同居していても、居場所のない思いをし、事あるごとに厄介がられるのは孤立です。他方、息子から、いっしょに住まないか、と誘われても、体のつづくかぎり自分の生活様式を保ちたいし、余計な気遣いをしたくないし、されたくもないので、独り暮らしをつづけるのは孤独です。孤立には寂しさが付きものですが、孤独には寂しさはありません。

一般には、孤独は孤立の意味に使われていますが、人間関係の煩瑣から解放されている安らぎがあり、自分の楽しみを自由に享受できます。孤独という文字は、『個独』と書き換えたほうが適しているかもしれません。

少数ですが、幼少時から孤独を好む人がいます。学芸など奥行きの深い物事をやるのが楽しく、必然的に孤独の形をとります。社交嫌いではなく、社交よりも興味追求を優先します。孤独の人にも付き合いはありますが、やみくもに誰とでも付き合うのは控え、自分の波長に合った人たちに限っています。波長が合う相手には、考えや好みが一致している人もいれば正反対の人もいますが、互いに引き合う何かがあるのでしょう。弧独を選んでいる人たちのなかには幼少時からその性向をもっていなくても、成人後の人生で強い体験が動機となった人もいます。

孤独を好む人たちのなかには、生涯独身を通す人、結婚という共同生活に馴染めず離婚する人、若い時に配偶者と死別しても再婚しない人が少なくありません。このような人たちは、子をもっていても、独りのままで死を迎えることをあらかじめ想定しているので、死期を前にしても寂寥感に襲われることはありません。

これまでのマスコミの伝達では、群衆の目を代弁して、独居してだれからも看取られずに死ぬことを孤独死と表現して寂しさのなかで死んでいく哀れな死に様をあらわす言葉として使用していましたが、かならずしもそうではないのが報道者たちにも理解されてきたようで、最近では独居死と表現を変えています。

総じて、孤独の人は『和して同ぜず』ですが、群衆は『同じて和せず』の性向にあります。群衆の一人ひとりは、意識が独りになる時間をもっていません。意識はつねにだれかといっしょです。友だち、身内、職場の人たち、視聴中のテレビの出演者、めくっている雑誌のページに登場している人物など、片ときも独りでいる時がありません。だれかとつながっていたいのです。この意識状態では、孤立の不安や恐れをそのつど忘れられても、抜本的な解消にはなりません。群衆の不安と恐れは、本人たちが意識して以上に深刻で、それが時として生け贄を見つけて無慈悲な仕打ちをしたり、数を頼んでの非難の大合唱になったり、狂気の振る舞いとなったりするなど、異常な言動となってあらわれます。だれもが冷酷であれば、だれも冷酷ではなくなってしまいます。リンチする人は、正義の体現者の誇りさえもっています。冷酷もまた社会通念の一つとなって、群衆のあいだで互いに発行し合ったライセンスになります。

群衆の一人ひとりは、法を犯すでもなく、暴力を振るうでもなく、社会人としてはきわめておとなしい人たちです。「みんないっしょ」を望む者としては当然で、むしろ善男善女といっていいでしょうが、自分たちの生き方や暮らし方しか知らず、人間をワンパターンでしか理解できない人たちです。「〝男は外、女は内〟が当然である」「彼女は三十を過ぎても結婚しない」「かれは五十になっても家をもたない」「子のためには大学を卒業させるべきであろう」「なぜ親の一周忌をやらないのだ」。このように批判されている人たちは、群衆からは、変人、奇人、偏屈者として扱われます。肉体的、精神的、条件的にも標準から外れた人に対しても同様です。わたしたちは群衆のなかで育てられてきましたが、いつまでも群衆の意識でいては、気分のレベルには限界があることに気がつかねばなりません。

群衆のなかにとどまっていては、生は精気を失ってしまう

陥穽

この世の中にはいくつもの落とし穴があります。落とし穴はたくさんあって数えきれませんが、嵌まりやすいもののうちのいくつかを選びました。

落とし穴には他人のつくった穴と自分がつくった穴があります。他人が掘った穴は、詐欺行為のような違法性のものばかりではありません。不必要なお金を使わせる、目隠しさせて進ませる、恐怖心を煽って不安状態にさせるなどの穴があります。法の規制がないだけに嵌まりやすいので用心してください。穴をつくったり、罠を仕掛けたりするのは悪人とはかぎらず、偉い人たちもいます。あなたもこれまでにたくさんご存知のはずです。これらの他者のつくった穴についてはわたしたち一人ひとりが知力で見抜くほかありませんので、ここでは触れません。

自分がつくった落とし穴は、人間の弱さと甘さという穴です。仮相のよい気分を味わう、舞い上がってしまう、幻想をいだくなどです。弱さと甘さが悲惨な死を招くことがあるので、自分がつくりやすい穴をあらかじめ知って、つくらないのが賢明です。弱さと甘さの発露に対してはかなりの抑止力が要ります。詐欺師は外部世界にいるだけではなく、弱さと甘さを正当化する言い訳やもっともらしい口実をこしらえる詐欺師が内部世界にもいます。得になる事なら一二〇パーセントをめざすのも欲に対する弱さで、それを得ても長い目で見れば取り返しのつかない損失になります。また、安泰志向が強すぎても逆に安泰が失われる皮肉な結末になることがあります。

多くの人たちが一番に願うことは生活の安定ですが、その人たちにとって安定という言葉の意味内容は物質生活が満たされることでしょうが、これを求めつづけるのは際限のない営為です。落とし穴です。永遠に満たされることがないどころか、人生を台無しにしてしまいます。ちょっと立ち止まって考えてみましょう。

あなたはいまどんな人たちと付き合っていますか。現代は、だれもがだれとでも自由に付き合える環境にあります。付き合いは上手にすれば、楽しく、おもしろく、学ぶことが多い人間同士の交流ですが、ここにも自分でつくる落とし穴があります。付き合いのときの自分の会話に注意してください。

第十七章　見栄について

人間の最大の弱点の一つが、見栄心です。老若男女、富者貧者、善人悪人を問わず、すべての人が見栄心をもっています。見栄は、かりそめの優越の気分をあたえてくれます。その気分は忘れがたく、人はひそかにその出番をうかがっています。見栄は、錯覚でありながらも心地よい気分をあたえてくれる麻薬ですが、執着心とドッキングすると、人を破滅に追いやる劇薬になる危険性を秘めています。

見栄はさまざまなかたちをとってあらわれます。ある時は大掛かりな舞台装置によって、また、ある時は謙譲の美徳の衣によって表現されます。見栄の多くは自覚的ですが、なかには自分でそれと気がつかないものがあり、また、気がつきたくないものもあります。師のもとで長年修行を積んできた僧が、師にむかって「ようやく見栄を捨てることができました」と、晴れやかな顔で報告しました。すると師は「それそれ、その見栄を捨てなさい」と諭しました。見栄は心の奥深くに根を張っていて、宗教の専門家でさえ気がつくのが容易でない人間の性《さが》です。

だれからも見透かされる見栄、たとえば酒食の大盤振る舞いのような見栄は、本人がはっきりと見栄を自覚して楽しんでいるので、本人にはほとんど実害はありません（酔いが醒めたら、ほろ苦い思いとちょっぴり金銭の損失感が残りますが）。見栄心が狡猾なのは、見栄と合理のすり替えが起こる場合です。若い年代のうちから住宅取得に乗り出すのも見栄が動機になっていることがあります。同輩たちがまだ三十代に入ったばかりというのに、つぎつぎと住宅を取得していくのを見ると、見栄が頭をもたげ、自分も肩を並べようとする気持ちになります。そこで、月々家賃並みの返済で住宅が手に入るという理屈をつけて強行します。親たちが頭金の一部を出すと言えばいっそう弾みがつきます。親は親で、子を引きつけておきたい思惑と子に対しての見栄が子の見栄を後押しします。家賃並みの返済といっても、管理費や固定資産税は払わなければなりませんが、損益の評価よりも、思考の硬化が問題になります。ローンを組んだ段階で職業人生は固定化され、将来についての思考と行動は枠をはめられてしまい、意識はクローズドに変化します。組織体に勤務していれば保身的になり、地位安泰のためにイエスマンの傾向を強めることになるでしょう。転勤ともなれば家族の希望を容れて単身赴任となり、二重生活によって生活費は大幅に切りつめられ、物心ともに余裕がなくなります。若い世代にありながら、意識の老化はすでにはじまります。生活の基調は守りの一辺倒、人生の思考は金銭主義一色になり、人生の豊潤さを味わうことなく日々を暮らしていきます。

高年者の場合でも正当化された見栄による金銭の支出は大きな利息をともなって老年期にのしかかってきます。よくある例では、定年を間近に控えているのに、娘の結婚式に掛ける費用を一生に一度のことだからという口実のもとに、老後のための蓄えを取り崩してしまう見栄の支出です。それだけで終わらず、娘が結婚してからも、娘の連れ合いにいい顔をしたいために過度の歓待をします。ところが、老いて病に臥してしまい、経済的に困っても子に金銭の支援を言い出せないで、ほそぼそと暮らすことになります。また、別の親の例では、わが子には音楽の才能が乏しいのに、栄光の舞台登場の幻想をいだき、ウィーンへの留学の希望を叶えてやったものの、毎月多額の仕送りを長期にわたってつづけた結果、親子ともども生活に窮する破目に陥ってしまいました。当初、親は自分が弾けないピアノを子が弾けるというだけでわが子には音楽の才能があると信じ込んでいました。親の見栄と過信がジョイントした結果です。

女性の見栄は男性からみてたわいないものでしょうが、単なる見栄だけではない自己存在感に結びつく要素をもっています。それだけに男性の見栄の欲求よりも、熱心さにおいて強いものがあります。行き会った二人の女性のあいだで互いに髪型や持ち物を褒め合うのは、見栄のくすぐり合いでしょうが、女性同士の単なる社交辞令とは侮れない作用があります。家庭と地域だけが生きる世界である専業主婦であれば、第三者からの見え透いたお世辞をお世辞とは受け取りたくなく、真実の片鱗を語ったものとして認めたがります。夫から「お世辞を真に受けるなんて、おバカさんだね」と笑い飛ばされても、彼女は否定したくありません。容姿、服飾、持ち物への賛辞は、彼女に自己存在感をあたえ、日ごろ感じている空虚さを忘れさせます。

女性が欲求する美しさと若さは、それ自体の価値のほかに、ナルシズム、自身による存在価値の納得、それに、第三者から受ける存在の認知があります。加齢とともにこの順番で力点は推移していきます。中高年になると実年齢に比しての若さの印象が大きなウェイトを占めます。けれども、ほとんどの女性は気づいていませんが、女性にかぎらず人間の魅力は造形ではなく、その人の雰囲気です。雰囲気は意識的につくれるものではありません。しかも、自分の姿形を自分の目でじかに見ることができない以上、自身では自分のもつ雰囲気がどのようなものであるかは感取できません。他者の反応を通じて、うかがい知るのみです。

女性の容貌にかぎると、加齢による容色の衰えは、美人ほど衝撃が大きいように思われますが、事実は逆で、そこそこの容貌の女性ほどショックを受けやすいのです。生まれながらの美人は、子どものころから美貌を称えられているので、褒め言葉には聞き慣れています。化粧や衣装に関心はあっても、それらに依存しないでいられます。ことさら着飾る必要がなく、賛美をえるための見栄が生じる素地がありません。年頃ともなれば賛辞は聞き飽きるほど耳にするものの、肉体の美しさは長くつづかないのを人生のごく早い時期に察知しているので、賛辞には距離を置いて受け取っています。ところが、そこそこの容貌の女性は、若いうちは若さが魅力となって、周囲の人びとがもちあげてくれるので、自分はまんざらでもない、と容姿に自信をもちますが、ある年齢に達したある日の朝、老いの兆しを鏡の中に見出して愕然とします。と同時に、人びとの自分に対する反応や応対の変化に気づきます。美容対策を真剣に考えなければならないと思いはじめ、それまで軽視してきた基礎化粧品や若返り美容法の広告が妙にリアルに感じられてきます。

長いあいだ特定の仕事に専念してきた女性は、美人と同じく、容色の衰えにあわてることがありません。自己存在感の充足はじゅうぶんなされているので、あえて見栄を必要としません。自力で生き抜いてきた自負は、自己信頼となって、落ち着きの魅力をあたえています。仕事を通しての人付合いと社交の体験から、相手に自分の印象を損なわせないように注意深く振る舞うので、相手は気分よく応対します。それがまた、彼女の気分を平穏に保たせています。

人びとが勝手に担ぎ上げてくれて見栄心を満たしてくれる結構なものを、たぶんあなたはご存知のはずです。そう、肩書きです。その代表格は、社長でしょう。ビジネスに携わる人たちは社長である人物に対して社長と呼ぶとき、組織体の最高位にある人というだけでない、特別の敬意を込めます。ある人物を「部長」と呼ぶのとは明らかに異なっていま す。もちろん「部長」にも権限保有者という以外に多少の敬意が込められていますが、「〇〇さん」と呼ぶのと大きくは変わりありません。「社長」は、役職の階級のちがいだけではない何かがあります。社長たちは、人びとが自分に対する微妙な特別視を感知していて、呼ばれるたびに自動的によい気分を味わいます。ほとんど無自覚にちかいほど微細な気分ですが、その気分には確かなものがあります。

社長は、実務の上での大きな権限のほかに、副産物として見栄の気分のよさが付いて回ります。任期の満了が迫ってきても、次期の再任を図ってなかなか席をゆずろうとしないのは、強大な権限の行使の快感とともにこの副産物の価値にあります。社長の座を去れば、気分の源泉は自動的に消滅します。しかし、この気分のよさに執着すると、公私ともに悲劇的な結末をみることさえあります。

社長は社内のだれからも頭を下げられる存在ですが、社外でも特別の扱いを受けます。世間は大企業の社長と小企業の社長とでは月とスッポンのちがいがあるかのように格付けしていますが、ビジネス界では対等です。どちらもその会社に一人しかいない最高意思決定者だからです。副社長、専務、常務は何人いても、だれも会社としての意思決定者ではありません。ビジネス界が敬意を払うのは、登記簿謄本に記載されている法人の代表者であり、かつ、法人の運営の頂天にいる人に対してです。

取引上は強い立場にある大企業が、弱い立場にある小企業に優位に立って事を運んでいても、相手側の社長にだけは敬意を表します。小企業に対して仕事を発注する企業、原材料を供給する仕入先、また、融資する銀行は、小企業に過酷な条件を提示しますが、社長への応対は少なくとも表面的には丁重な態度で臨みます。仮に、わが国最大級の企業の社長と町の零細企業の社長がパーティーの席上、初対面の出会いで名刺を交換したならば、双方の社長は、形式的にも心理的にも対等の礼を交わすでしょう。零細企業の社長は、大企業の社長を前にして少しも気後れを感じないはずです。なぜならば、長年のあいだ従業員や取引先をはじめ、同業者や異種業者、歓楽街の女性たちまで、会う人会う人から毎日「社長、社長」と呼ばれているので、相手が有名企業の社長であっても、意識は対等の感覚になっています。

零細企業の社長といえども、畏敬の呼称を長期にわたって他者から繰り返し打ち込まれ、自分は人びとに尊重されているという社長の自負は、雰囲気にもあらわれ、ほかのビジネスマンにはない貫禄がついています。特に何十年も社長業をつづけている創業社長が呼称を受けた回数は、大企業の社長の比ではありません。幾多の難関を乗り越え、有形無形の重圧を耐え忍び、意志と技術と努力で人間の集団を率いてきた体験がつくり上げた風格です。その風格が社長職以外のビジネスマンに対して一歩を退かせます。

会社の規模の大小にかかわらず、ひとたび社長の椅子に座ると、その心地よさに座を去りがたく思うようになります。権限の大きさ、高額の収入、さまざまな特典と特恵の魅力、社内のだれからも指図を受けない気楽さがあります。何よりも自己存在感を常時享受する気分のよさは何ものにも代えがたく、ついつい執着してしまいます。社長を辞めて会長になっても、わが国のビジネス界では、会長職は実務執行権をもつ社長の重みにはおよびません。

不況になると中小企業の社長のなかには自殺する人が出てきますが、その動機はかならずしも販売不振や資金繰りの悪化とはいえません。それまでに会社を解散したり整理したりする機会は何度もあったはずです。見栄がそのようにさせなかったケースが多く、評判を恐れて従業員を解雇できず、高利に手を出し、一日延ばし、また一日延ばします。延ばす理由は何とでもつけられます。景気がよくなったら、売り上げがふえたら、新製品が当たったら、などなどです。しかし、倒産の時は確実にやってきます。

つぎの二つの挿話は、あなたが起業して社長になったときの参考にしてください。

挿話　その一

ある小さな会社の社長だった人が、生前に打ち明けてくれた四十年前の話です。かれはクルマの販売店を設立しました。当時、メーカーの販売網は、現在のように整備されていず、中小の店が乱立する時代でした。かれの店にはクルマ好きの若い人たちが集まり、応対する側も若く、店内は活気に満ちていました。かれは、セミプロのレーサーを雇い、若年層をターゲットに営業を強化していきます。中年の客に対してはかれ自身と年配の社員が担当しました。かれは客たちをメンバーとするドライブ・クラブを企画し、客たちのなかから発起人を募って、ラリー、ツーリング、懇親パーティーを催します。ある日、発起人の一人である青年から、結婚するので披露宴の主賓として出席してほしい、と乞われました。発起人とはいえその青年とは単に売り手と買い手の関係にしかすぎないので怪訝《けげん》に思い、即答を避けたところ、青年はすぐに察して、「来賓には社長と名のつく人がいないので……」と打ち明けました。なんとも吹き出したくなるような話ですが事実です。しかし、世の一般の披露宴も似たり寄ったりではないでしょうか。この話をしてくれた社長は苦笑しながらも、青年の依頼の理由についてはまんざら迷惑でもなさそうな様子でした。

その社長に転機が訪れました。メーカーが販売網の再編に着手してきたのです。経営の雲行きが急速に悪化してきました。かれの店が淘汰されるのは容易に予想され、合併の提案がいくつか持ちこまれましたが、社長の座は相手のものとされる条件なのでどの話もまとまりません。その間に販売店の統合は進み、刻一刻と危機は迫ってきました。かれ自身の営業力は依然として衰えていないので、体面にこだわらなければじゅうぶんな収入を維持できます。それでも社長の名を失いたくないまま、ずるずると事態の処理を先送りし、悲劇は一年後に起こりました。借金まみれになったかれは自殺してしまいました。

挿話　その二

わが国の石油化学が急速に成長しつつあった一九六〇年代のころ、プラスチックのトレイやボウルなどの地味な家庭用品を製造している会社がありました。拡大をつづける家電業界や玩具業界の外注先としても成型加工を請け負って、経営は順調でした。韓国、中国、台湾の技術がまだわが国に追いついていない時代で、経営状態は年々増収増益で推移していました。しかし、社長は飽き足らなく思っていました。もっとカッコいい自社製品の開発を望んでいました。たまたま取引先の製品を設計しているプロダクト・デザイナーと知り合い、強化プラスチックをボディに使った個人用の小型照明器具の開発に乗り出します。これがインテリア・デコレーションのための部分照明のさきがけとなり、空前の大ヒットとなりました。販路は国内のみならず海外にも広がり、多大の利益をもたらしました。社長は一躍業界の名士となり、ビジネス誌の取材を受け、全国各地の商工会から中小企業のサクセス・ストーリーをテーマにした講演を依頼されるまでになりました。個人的には豪邸を建て、人びとを招いて披露します。新築の邸宅の広い応接間にはお祝いの高価な置物がところかまわず飾られました。

ところが社長は、突然、ヒット中の照明器具の製造を取りやめると宣言し、新たに児童向の家具の製造に着手すると表明して周囲を驚かせました。確かに既存の製品群も五年を過ぎれば、個々の品目の売り上げの伸び率は鈍化していましたが、つぎつぎとシリーズ化して打ち出していった新製品群によって、売り上げは依然として全社のなかで大きな比重を占めています。新しい販路を開拓し、シリーズをさらにきめ細かく展開していけば、夜の生活が長くなった現代では個人がさまざまな光を楽しむ生活領域が広がることはじゅうぶん考えられます。けれども社長は、商品販売はピークの時にやめるのが得策と判断し、あっさりと家具製造に転進してしまいました。これが大誤算で、あっと思う間もなく在庫はかさんでしまいました。あわてて照明器具の生産に切り換えようとしましたが、いったん打切りを伝えた販売筋には同意をえられるはずはなく、業績の急降下を阻止できません。銀行は社長に退陣を求めましたが、社長はその座に固執し、懸命の資金調達もむなしく、会社は倒産してしまいました。本人も病に倒れ、入院します。労働組合員は病院に押しかけ、債権者は執拗に自宅にまで取り立てにやってくる始末です。娘の結婚話は破談になり、妻とは離婚し、心身ともにぼろぼろの最期でした。

人は、得意な時には自信過剰になり、われとわが言葉に酔いしれてしまい、見栄をぞんぶんに味わいますが、そのツケはあまりに大きいのです。

世間からよい評判をえたい気持ちをもつのも見栄心です。世間の評判のよさは、処世の面では有効なので、人は好んでこの見栄心を満たす自分を許します。地域社会で暮らしていくうえで、ご近所や顔見知りの人たちに対しては、ある程度の愛想のよさで接するのが無難でしょうが、見栄心は並み以上の受けのよさを狙って自分の評判を高めようとします。わが国では聖徳太子の十七条の憲法以来、〝和〟が尊ばれてきました。それが人間関係の場で自然に保たれるのならば申し分ありませんが、意図をもって企てれば人はみずから二重人格をつくっていきます。「ノー」と言いたいところを「イエス」と言い、ねだられても断れず、会う人にはだれにでも笑顔を振りまいていれば、ストレスが溜まり、どこかで発散して神経のバランスを保とうとします。世間に向かって柔和な顔を見せていても、家庭内では横柄な亭主関白であったり、多量の飲酒で家族に迷惑をかけたり、歓楽街にしばしば足を運んだりすることにもなります。これならまだしも、発散をしないで、家庭内でも良き夫や良き父親を演じつづける人は、さらにストレスを溜め込み、ついにはうつ病になってしまいます。女性の場合は、良妻賢母の評判をめざしてそれを獲得すれば、以後は良妻賢母の枠から逃れられなくなります。親しい間柄の人との会話では気がゆるむせいか、彼女の鬱積したストレスは、無意識のうちに夫の態度についての冷酷非情な批判を飛び出させ、相手を驚かせます。当の本人は、自分が何を言っているのかまったく気がついていません。

見栄の結果には、よい事は一つもありません。自慢好きの人が他人に嫌われるという人間関係での軽い不調和をはじめ、挿話に登場した二人の社長のように身の破滅に追い込まれる悲劇まで、事の大小を問わず自分を損ないます。見栄を防止する第一歩は、自分の見栄心に気づくことです。自分の心の動きを客観視できるかどうかです。見栄は、意識してあらわすときもあれば、あとで自覚するときもあります。まったく自覚しないときもあります。いずれにせよ、そのつど自認できたならば、見栄心はしだいに出なくなります。見栄心の発生の背後にはかならずといっていいほど自己存在感への希求があります。自己存在感の欠如や不足が、埋め合わせとして見栄を出動させます。

お金持ちなのに意外に質素に暮らしている人、有名人でもびっくりするほど腰の低い人、たいへんな権威者であるにもかかわらず慎ましやかな人がいます。この人たちは、見栄を張る必要がない人たちです。自己存在感がじゅうぶん充たされています。また、生活は平凡であっても、心を他者の視線に依存させない精神をもつ非凡な人も見栄とは無縁です。

見栄は、人を歪《ゆが》め、時に破滅させる

第十八章　腹八分目について

「腹八分目に医者いらず」ということわざは健康維持のためのアドバイスですが、この秀句を考え出した人は、もしかしたら健康の事だけでなく、人間の望ましい有りようについて語っているのかもしれません。食欲のみならず人間のあらゆる欲について警告し、身の破滅を回避する知恵をさずけてくれたように思えます。

健康については、八分目の摂取量であれば、胃腸には負担にならず、肥満防止にも役立つでしょう。まさしく「医者いらず」です。あなたもきょうから、満腹まで食べないで、量を二〇パーセント減らしてみてはどうでしょうか。少なくとも消化器系と循環器系の病気は防げます。おまけに体型はスリムになり、身のこなしは軽やかになります。仕事、生活、遊びの上でこんなにいい効能はありません。気分も爽快になります。

食の量を八分目に控えることは、自然界の食の生態系に従っていることを意味しています。動物は体にとって必要以上の量は食べません。蓄えもしません。古今の聖人や賢者は食について特別の観想をもって摂取しています。食の本質が、生存の絶対条件でありながら、食べる物のほとんどが生物であるのを深く認識しています。生命が生命をあたえている現実です。感謝なくして食事はありえません。感謝の念をもって食せば、同じ内容（量と質）の食物を摂っても、栄養の吸収に大きな差があらわれます。感謝があれば少食となり、よく噛み、味には不平が起こりません。修行僧の食事は質素で、栄養学の見地からはカロリー不足、栄養素不十分とされても、きびしい修行と激しい労働に耐えられるのは、精神の安定と感謝の念が多大にあずかっています。禅寺では、僧たちの食事を用意する〝典座〟と呼ばれている調理担当者は、じゅうぶんな修行を積んだお坊さんが任命される約束になっています。食材と調理を扱うには、慈悲心と感謝心をもって行わなければならないからでしょう。

口は食する入口ですが、出口としての働きに〝しゃべり〟があります。現代は飽食の時代ですが、饒舌の時代でもあります。大量に食べて大量にしゃべる、この二つの現象に何らかの関係があるかもしれないし、ないのかもしれません。わたしにはあるように思えます。付き合いでの会話は、しゃべりたい欲求の八割までにとどめておくのがいいでしょう。五割なら、なおいいでしょう。三割ならベストです。聴き手にまわれば、人間関係はまちがいなく円滑にいきます。それに、少なく語られた言葉は相手に強い印象をあたえます。

対立する意見を戦わす場では、能弁にまかせて相手を完膚なきまでにやっつけてしまうと、議論に勝っても、実務の上では協力がえられず、苦杯をなめることになります。いわゆる切れ者に協力する人は少ないのです。あなたが仕事に有能であればあるほど、人間関係には慎重であってください。慎重とは、意見と理由は明確に述べるが、相手の感情を考慮した表現をとるということです。相手を追い込まずに自分の意思を貫く工夫が求められます。どんなに激しい議論の場でも、ユーモアとジョークを忘れず、相手の主張する理の根拠を認めながら説得する技術があなたを次の高いステージに導いていきます。

人間の欲望といえば、食欲のほかに、物欲（金銭欲）、性欲、権力欲、名誉欲があり、最近になって目立つ過度の欲望に、健康欲、美体欲、延命欲があります。また、自覚はないものの、根強い自己存在感の欲望があります。欲望の花盛りの現代にあって、このような欲にとらわれている人たちに対して眉をひそめる人も、競争欲、勤務欲、依存欲についてはきわめて寛容で、勧奨さえしています。一見したところ、これらの欲望は人間として許されて当然のものであり、欲には該当しないと考えられていますが、欲の果てを見れば、実体は明瞭です。競争欲で血管系の病気で倒れたり、神経疾患に陥ったりしている人たちの何と多いことでしょう。みずからの欲望を統御できず、血管や神経の許容量を超過してしまったのです。

勤務欲は、八分目に抑えておかないと、その後の人生を台無しにしてしまいます。残りの二分目を、早めの退職による健康と体力の増強に振り向けることで、長寿が楽しめます。杖をついて小股に歩く老人を見て、若い人たちが、「あれはいったい何なのだろう」と訝《いぶか》しがっても、DNAが原因のほかは、鍛えるタイミングを逸すれば、若い人もいずれそのようになります。平均寿命が延びたといっても、健康で、しかも体力のある人は少なく、高齢者のなかには投薬と治療と介護で延命している、あるいは延命させられている現実があります。生のよろこびを満喫している老人はほんの少数しかいません。

老後を子に面倒をみてもらうために、子がまだ幼いころから子におもねり、金品を与えつづけていると、子は自分本位に育ってしまい、老いたときには子に見捨てられてしまいます。親の依存欲の結末です。親の依存欲は同時に子の依存欲を助長させ、子は自立性に目覚めることなく成人します。子は、自分の面倒をみたがる親をみて、家族以外の人たちも自分の面倒をみてくれるのが当然ではないかと、漠然とした観念をもって世に出てしまいます。その観念が覆された現実に突き当たると、たえず不平不満が燻《くす》ぶりつづけることになります。不平不満は他者に対する依存心をさらに強化します。人は、他者からどんなに依存の安楽さを提供されても、依存は八分目にとどめおかねばなりません。自分を自立した人間につくっていきたいのなら、みずから申し出て五分目とすべきでしょう。また、全生活の依存でなくても、自分のどこが依存でどこが依存でないかを省察してみることが大事です。少しずつ依存や寄生をはずしていこうとする意志が育ち、依存や寄生への感謝の心が芽生えます。真の自立の人生はここから始まります。

定年を迎えても会社役員や上級公務員であれば、本人の希望によって何らかの役職に残ることが許され、該当者のほとんどが組織に残留します。職場での延命は、その時は満足でしょうが、この年代の数年間はそれまで過ごしてきた年数の何倍もの重みがあります。そのあとでは取り返しのつかない貴重な年月です。その数年間は、きたるべき老齢生活を快適に過ごすための肉体的・精神的準備期間であって、この時間をもつかもたないかで、将来の姿が確定してしまいます。定年後に顧問や嘱託の職務に就けば、出勤は週に三日、休日は四日で、一見して余裕がもてそうに思えますが、じっさいは、意識は勤務に拘束されているので丸ごとの四日の休日にはならず、意識の休日は常勤時代と変わらず、心は解放されません。

中国の偉大な賢者である老子は、現役の勤務者について「去るべき時がきたら静かに立ち去り、後輩に席をゆずるのがよい」と勧告しています。いつまでも組織に寄生し、収入と居場所の確保のために欲のままに振る舞えば、大きな利息を払うことになります。利息とは健康と体力だけでなく、人生の運行についても、です。

老子の言葉は、欲のままに生きるのを慎めという道徳的な内容のように解釈されがちですが、老子はもっと深い事由を教えています。人間の集まりである世の中で、身の安全をみずから守り、平穏に生きる道を示しているようです。世を構成しているものの一つに組織体がありますが、組織体は人体と同じで、新陳代謝によってはじめて存続しえます。ある役割を担った古い細胞が去って、新しい細胞がとって換わることで、生体は活性が保たれています。古い細胞が、あれやこれやの理由をつけて居座れば、生体は衰弱してしまいます。自分が所属した組織体がそのようにならないように身を処せば、まわりまわって災いを免れると語っているのでしょう。じっさい、組織体の計らいで退職後の席を用意されても、辞退して退職した人はその後も元気で暮らしているのに、ぎりぎりまで留まっていた人は、退職の直後に大病を患ったり、急速に衰弱してしまったりする場合が多いようです。組織体の後輩たちは自分たちが長居をしたいので、組織体の実績づくりとして先輩たちに長居を求めます、「あなたがいなければわれわれは困ります」「もうちょっとのあいだご指導ください」などとくすぐって、先輩たちに長居の名分をあたえます。しかし、長居に執着した人たちは老化の加速、罹病率の上昇、健康維持の機会の喪失を招き、衰弱が加速度を増すことに気がつきません。勤続年数もほどほどがいいのです。生涯現役は、その人だけがもつ固有の技術を活かしつづけ、なおかつ、その人個人が仕事を受注する場合にのみ許されます。職業としては、職人、自営業者、特殊技術者、技芸者、芸術家、学者、研究者などです。

仕事や物事を手がけて、完璧に仕上げなければ満足しないのも満腹主義であり、かえって事を仕損じる結果になることがあります。時機を失したり、細部にこだわって全体を見失ったりします。企業活動でも、目標を達成するために活動事項をたくさん並べ立てると、達成力は弱くなります。手段である活動事項を欲張るからで、その結果、焦点がぼけてしまい、エネルギーは分散してしまいます。立案者にとっては活動事項を総花的に羅列すれば、机上では完璧となって安心がいくのでしょうが、じっさいの活動はあぶはち取らずになってしまいます。仕事や物事は要《かなめ》となる一点に絞ることで滑り出し、他の活動も連動して事は成し遂げられます。

人格の形成においても、聖人のような人間になるのを目標にして努力すれば、自分の欠点のすべてを洗い出そうとします。その結果、自分の短所を強く意識しすぎて、自己嫌悪に陥ることにもなりかねません。最小限守るべき事を守ればじゅうぶんです。怒り、妬み、憎しみに心がまみれるときがあっても、自分を第三者の目で冷徹に見つめ、自分はいま怒っている、妬んでいる、憎んでいる、と自覚し、そのような不完全な自分を許してあげるべきです。怒っているのを自覚すれば、その人はもはや怒ってはいません。このように自分を許せば、他人も許せます。

しかし人は、自分の人格は不完全であっても、他者に対しては万能の神であることを要求します。この例には、夫と妻、親と子、上役と部下、師と弟子、政治家と選挙民など、人間関係において相手に依存意識をもっている場合に多くみられます。反対に相手と深い関係にあっても依存意識がないと、相手に神であることを求めません。

健康志向についても、腹八分目が望まれます。完璧な健康防衛体制を敷こうとする人は、定期的に検査を受け、飲酒せず、喫煙せず、脂肪分を摂らず、緑黄色野菜を多く食べ、適度の運動をします。それでも重大な病気に侵されてしまう不運があります。この例は少なからずあります。なぜでしょう? 答えはその問いにあります。あなたならすでにおわかりでしょう。健康維持の手段はまったく正しいのですが、熱心になりすぎてしまい、健康防衛体制の意識が病気とそれに連なる死への恐怖心を涌出させ、恐怖心からの健康維持になっているからです。このような場合、人は非常に高い確率で罹病します。それも深刻な病気です。強い精神的ストレスが病気を呼び込んでしまうのです。病気と死に対する恐怖からの健康法の遵守は、真の健康志向の実践とはまったく別物で、むしろ対極的です。健康維持の活動は、健康維持を忘れて活動自体を楽しむ活動でなければなりません。健康維持についての意識の有りようは、八分目がもっとも適切です。必死でおこなう健康管理は、文字どおり死に向かいます。

精神的ストレスというと、胸を締めつけられるような圧迫感や耐えがたい強迫感のようなものと受け取られていますが、それであれば明らかに自覚的な神経作用なので、問題にすべき精神状態ではありません。「ストレスで参っている」とぼやく人は、弱音を吐きながらも、そのつどストレス解消のために何らかの手を打っています。弱音を吐くこと自体が解消の一つの手段です。注意が必要なのは、〝いつも気になる〟〝いつも気にする〟ストレスです。これほど強いストレスはないのです。ところが、本人はストレスの強さに自覚がなく、ただ気をむけているだけと思っています。家族もストレスが高じているとは気がつきません。あえて対策をとらないままでいるので、大病が浮上したときには手遅れになりがちです。〝いつも健康が気になる〟〝いつも健康を気にする〟状態は、一〇〇パーセントを超えた健康志向で、もはや志向の実質方向は病気を指し、恐怖とともに暮らす毎日となります。遠からず内在外成（内に在るものは外にあらわれる）の原理が作用して、じっさいに大病に罹ってしまいます。

腹八分目がもっともむずかしいのは収入でしょう。聡明な人は、腹八分目が人生の全体として最も効率がよいのを直観で知っています。自分にはこれがベストの収入と心得ています。おおかたの人は、稼げる可能性があると思うと歯止めが利かなくなります。そこに無理が生じます。いろいろな名分をつけて自分を納得させ、体力と神経の限界まで突っ走りますが、体調をこわしたり、貴重な時間を失ったりします。収入の増加よりも、支出を八割にとどめておくことを選ぶべきでしょう。二割が余裕となるので心は安定します。この余裕が、本人の知らないあいだに金銭を引きつけていく作用をします。がむしゃらに働く人たちには余裕のなさの雰囲気が壁となって、幸運の女神にとっては舞い降りる余地がありません。現在勤務している組織体から引き抜かれて、有利な転職をする人にはおしなべて余裕の雰囲気があります。せかせかと働くばかりの人は、勤勉かもしれませんが、人間的魅力に乏しいので、声は掛けられません。声を掛ける側は意識していませんが、仕事に懸命なだけの人には何かしらが欠けているのを感じ取っています。

食欲をはじめ、あらゆる欲望を八分目以内におさめていれば、その人の運行は幸運側に進み、大過を回避します。欲望をもったら、その段階で二〇パーセントをカットして、あらためて欲望のスケールを持ち替えるのがいいでしょう。寿命の延命欲なら百歳まで生きたいのなら八十歳でいい、希望年収が一千万円なら八百万円でいい、出世欲なら部長職でなくても課長職でいいとして、日々を為すべき事を為し、為してはならない事は為さない方針のもとで過ごせば、やがて思いがけない好機が訪れます。

腹八分目に災いなし

第十九章　生活の安定と向上について

「ラクをして、いい暮らしがしたい」この思いを遂げるために人は懸命に働きます。その懸命さは、百年前の人びとが生存のために働いた懸命さとは異なっています。その時代、食糧が乏しいときには互いに分け合って飢えをしのいでいました。それが人間同士のふつうの接し方で、人びとのあいだには競争はありませんでした。

現代では、ほとんどの人は生存のための食は満たされ、身にまとう衣類はタンスにあふれ、住宅は快適仕様で造られています。にもかかわらず、人は懸命になっています。衣食住のグレード・アップに懸命です。それが達成されると、つぎは衣食住の延長線上にある奢侈と快楽の追求に忙しく、死ぬまで『足るを知ること』なく日々を送っています。

人は働き盛りの年齢になって、ふと若かったころを振り返ってみると、そのころはお金がなく、身なりもみすぼらしく、四畳半一間の住まいに起居していましたが、毎日が輝いていました。見ること為すことが新しい事ばかりであり、脳の空き地には知識がたえまなく流れ込んで、気分はいつも新鮮で、快適でした。お金はないのにお金のことを考えない、不思議な雰囲気でした。その後は、給料が上がり、家庭をもち、地位を得て、住宅を購入するまでになりましたが、なぜか気分の新鮮さと快適さは徐々に失われていきました。ときどき仕事にも生活にも息苦しさをおぼえるようになります。望みどおりに物質的には格段の豊かさを手に入れたのに、豊かさは実感できずに、物心ともに満ち足らなさを感じています。そこで、自己分析と原因究明をおこなって、その理由を、職責の重圧、扶養家族の増加、子の教育費の増大、各種ローンの返済が影響していると結論づけたものの、今のところ収入は安定していて、明日のパンに困るわけではないのに、どうして気分がすっきりしないのか、と考え込んでしまいます。この気分から抜け出すには、「やはりカネか」などと、思考をめぐらします。

生活の向上を望むあまり、物質で人生を組み立てようとすれば、つねに物質の不足感に悩まされることになります。悩みは生涯にわたってつづくでしょう。人生は物質で塗り固められ、日々をたえず計算と思惑ですごしますが、少々の欲求が満たされても飽き足らず、欲求不満はたえずぶすぶすと燻ぶり、身辺以外の事象は目に入りません。皮肉なことに物質主義は物質の不足に悩む思想といってよく、さらによくないのは、人間性、自然、宇宙の豊潤さに気がつく時がないので、精神的に窮地に立ったときとか、物質外の大きな問題が生じたときに、解決方法が考えつかなくなってしまいます。収入の多い家庭の親族のあいだで諍《いさか》いが絶えないのは、家族の個々人の生き方を問う以前に人生についての視野の狭さがあります。

物質を追求しながらも、生活が安定したら自分のやりたい事を存分に楽しみたいと思っている人は少なからずいるでしょう。「カネと時間ができたら」「子が学校を出たら」「定年になったら」などのたらの条件が調《ととの》った時、はたして存分に楽しめるでしょうか。楽しむには物質以前に健康と体力が必要です。家族、友人、同好の士たちと楽しみを共有しようとすれば、かれらの条件とも一致しなければなりません。とりわけ、その楽しみを定年後に実行しようと予定している人には実現は絵に描いた餅になるおそれがあります。

定年後に楽しみを期待するのはあくまで現役中だからこそで、退職した時点の事情は本人たちのおおかたの予想を裏切るものです。現役中は上をむいて突っ走ってばかりいて、妻といっしょに楽しむ時間をもたない、趣味は計画だけで実行しない、体を鍛える時間をつくらないでは、定年になった時の楽しむ条件は調いません。まして、再雇用されて退職を四年延長すれば、四年後には体力と健康と気力は十年以上の加齢となって衰弱の度は加速されています。楽しみといえども、存分に味わうためには肉体強化の助走期間が必要で、体力のあるうちからそれを維持する何らかの訓練をはじめている必要があります。若い時とちがって、この年代の一年の価値は、訓練のあるのとないとでは、肉体（体力、感覚機能、罹病率）とともに、感性、記憶力、適応力を含めば中年期の五年に匹敵するので、とてもたいせつな一年です。退職後の人生を快適にすごすには、この貴重な四、五年を金銭と居場所のために引き換えるにはあまりにも代償が大きすぎます。三十代、四十代の一年間と、六十代の一年間はちがうことをよく認識すべきです。医学によって保たれる長寿では、生体的には生きているのでしょうが、生きている実感を味わうには程遠い状態です。

四十歳にもならないというのに早や老後を不安がり、わが子に老後の面倒をみてもらおうと思案している親たちが出現しています。自身が親の面倒見の時期にさしかかっているので、自分の老後が気になるのでしょう。そこで、生活はわが子を中心に回りはじめます。わが子の出世のために、同時にわが身の老後のために、自身の楽しみどころではなく、物質世界の構築に力を注ぎます。フィールドは身の回りだけとなり、働かすべき知恵は小賢《こざか》しいものになります。しかし、ここでも人生の皮肉がみられるでしょう。子を中心に組み立てると、子はわがままに育ち、長じてからは自分本位の行動をとるようになります。不用意な親の会話から物質主義だけが身についてしまい、親と同じように物質世界しか知らない干からびた人生をあゆむことになります。

四十代の後半になると、親はすでに老境に入り、病気や障害をもつ身になっている場合があります。親の面倒見を通して、高齢者の老残を見る機会が多くなります。病院、養護施設、介護現場を訪ねると、いつかわが身も……と考えて、『やはり、カネだ』との思念が強まります。手厚くケアしてくれる専門家と、何でも言える家族に囲まれて老後をすごすには多額の金銭をもたねばと思考しますが、多額の金銭をもっていても、目論見どおりになる人は少ないのが現実です。いっぽう、子たちの思考は、親が自分に対して子はこうあってほしいという望みとは別のところにあります。子への期待が大きいほど、親の悲哀は大きくなります。このズレは、親子のあいだで何十年にもわたってつくられてきた断層です。

世の中はつねに動いています。わたしたちも動いていなければバランスが保てません。ところが、物質生活の安定を維持しようとして守りの体勢を固めると、精神は逆に不安定になります。生活が安定の兆しをみせはじめたら、思い切って安定を壊すくらいの意気込みでフィールドの拡大に打って出るくらいでちょうどいいのです。揺れ動く電車の中で、吊り革につかまらないで立っているとき、体を安定させようとして踏ん張れば踏ん張るほど、よろけてしまいます。自分のほうから体をゆらしているとよろけません。こちらから動いていれば即応できるので、転倒が防げます。生活の現状を固定しようとすれば、反対に崩壊にむかいます。強い安定志向は、自分が恐れている不安定、あるいは崩壊の観念を起原としているので、内在外成の現象によって、じっさいに体験することになります。

すでに家庭をもっている中高年の勤め人に自身の幸福の姿とはどんなものかをきいてみるならば、おそらくこのような答えが返ってくるでしょう。「お金に困らず、からだの調子はよく、仕事は順調で、会社での待遇は充分で、昇進は約束され、人間関係にはトラブルがなく、家族は円満で、何事もうまくいって問題がない」。しかし、あなたはこの幸福の姿を何度か読み返しているうちに「何かが欠けている」と感じませんか。

十九世紀フランスのある小説家は、生前に自分の墓を用意した時、みずから墓碑銘を刻みました、「生きた、愛した、書いた」と。何とすばらしい人生でしょう。わたしたちに欠けているものはまさに情熱です。全身全霊で打ち込むものがあるかどうかです。衣食住と身の安泰という生活の枠の中だけでの幸せで満足するには人間の中身はあまりにも奥深いのです。

生活していくにはわずかの衣食住で事足ります。満ち足らないと感じるのは、人生に目的がないまま時を過ごしているからにほかなりません。寝食を忘れて打ち込む対象がないので、意識は市場に溢れる商品にむかいますが、獲得してもすぐに飽きてしまいます。物品が人間を引きつけておく引力には限界があるように言われていますが、物のせいではなく、人間の身勝手さです。物質主義でありながら、物やお金をたいせつに扱わない風潮が蔓延しています。これでは衣食住の量と質の追求には果てがなく、満足もないのは当然でしょう。

衣食住だけが目的となるのは現代にかぎったことでなく、むかしもそのようであったようです。二千年前にイエスもつぎのように説いています。「だから、『何を食べようか』『何を飲もうか』『何を着ようか』と言って、思い悩むな。それはみな、異邦人が切に求めているものだ。あなたがたの天の父は、これらのものがみなあなたがたに必要なことをご存知である。何よりもまず、神の国と神の義を求めなさい。そうすれば、これらのものはみな加えて与えられる」（新約聖書　日本聖書会）

イエスの言うことはわたしにはつぎのように聞こえます。「衣食住の追求に懸命になるのはやめなさい。追求する人たちは天の原理がわかっていない人たちです。あなたがたが衣食住のグレード・アップを望んでいるのを、天はとっくにご存知です。だから、衣食住への追求を断ち切って、衣食住の事は天に任せなさい。あなたがたが何よりも為すべき事は、宇宙の万物を動かしている大いなる働きに徹底的に従って生きることです。衣食住の豊かさは、追求しなくても自動的にむこうからやってきます」と。

人は「生まれてきてよかった」と、しみじみ思うときがなければ何のための人生でしょう。物質生活はあくまでこのかぎりにおいて意味のあるものです。人生の舞台が物質生活の安定と向上だけになったときから、すべてが狂いはじめます。きらびやかな衣装、凝った料理、カッコいい住宅を求めて狂奔する群衆のなかにいては、いつまでたっても幸福の門は見出せません。

物質主義は、物質の不足感につねに悩まされる思想である

第二十章　付き合いについて

付き合いは、生身の人間同士が触れ合う楽しいひとときです。会話をし、考えや知識を吸収し合い、相手を理解し、こちらを理解してもらえる和みの場です。人は、自分は孤立していないことを知ります。

付き合いの意味をぐっと広げてビジネスでの人と人との接触の場で互いに法人を代表して交渉の場に臨んでいても、交渉の過程でおぼろげながら、相手の思想や人柄がうかがい知れます。気分のよい交渉事は、売り手と買い手だけでない責務を負った人間同士のエモーションがかすかに交流するのを無意識に感じています。

学生時代からのポン友など、気が置けない間柄の人との会話は、それこそポンポンと弾みますが、注意したい点もあります。わたしたちは話題になっている事柄についてしゃべっているとき、その事柄についてはかねがね思考していても、その時点では判断保留、あるいは検討段階である場合があります。ところが、勢いに乗ってしゃべると、判断保留に対しては決定を下し、検討段階なのに推考を終了してしまいます。慎重な思考が必要であるにもかかわらず、不用意に口にした自分の言葉を聞いたために、結論を出してしまいます。たとえば、未婚の女性が結婚の相手を探しているとき、相手の条件をあれこれと並べて、その条件でないと嫌だとしゃべってしまうと、ほかの条件の男性が目に入らなくなり、相手に出会う機会はぐっと狭まります。目に入らないだけでなく、そのような条件を信じてしまうので、人間的に好ましい男性に出会っても相手を遠ざけてしまいます。条件がバリアとなっている雰囲気がなんとなく相手に伝わるのでしょう。また、既婚者同士の会話では、夫に対するグチなどは、事実は軽い苦情であっても、強調して口に出したことで誹謗となり、確たる非難の資料にしてしまいます。このような語りを毎回重ねていると、家に帰ってから自身は嫌気を反芻し、その雰囲気は夫に伝わり、関係はよくない方向に大きく傾いていきます。夫には良い面もあるのに、聞き手のほうは、話し手の夫をすごく嫌な男と受け取り、電話するのも憚《はばか》ってしまいます。

職場の人への悪口は禁句です。陰口であっても俎上に載せられた人には、誰が言ったかが、かならず伝わります。このような小さな事で職場の人間関係が不調和なった例は無数にあります。仕事がやりにくくなるタネは蒔かないことです。あなたが職場の人と会話していて、これからみんながやり玉に挙げる人物が選ばれても聞き役にとどまるべきです。

組織体の中では多かれ少なかれ暗闘がなされていますが、暗闘の現場を知っていても、とぼけていなければならないときがあります。巻き込まれてはなりません。

このように、付き合いの会話には自分の話す言葉に用心すべきです。家族、職場の人、隣人など、身近な人たちに対しての不平不満を吐露するのは不調和を招きかねません。不平不満にかぎらず、自分の将来にまつわる事柄、たとえば、希望、不安、見通しなどについてしゃべるのはなるべく控えたほうが賢明です。たとえ、明るい見方であっても、自分の将来についてはい胸にしまっておくのが望まれます。

互いにフランクに語り合える友との付き合いは、有益な情報をえたり、意見の交換で異なった見解を知ったりする楽しい場です。その付き合いの機会をみすみす逃していく人たちがいます。男性の場合、多忙が友人を疎遠にさせていくことが多いようです。地位が上がって取引先や社内の人びととの交際が頻繁になると、友人が、会わないか、と声をかけても、そのたびに先送りしてしまいます。誘われたほうには、やむをえない事情があったのでしょうが、わずかの時間をみつけて自分のほうから会う機会をつくらなければ、縁は切れてしまいます。特に定年後や引退後では友はたいせつな存在なのに、年賀状だけの付き合いでしかなくなります。

女性の場合は、境遇しだいでしょう。既婚者では家族の生活サイクルを優先するので男性ほど自由ではありません。妻が家を空けるのを嫌がっている夫であればなおさらです。ところが、寛容な夫と暮らしていて、友や知人と自由に会う機会を許されていても、自分がかかわっている定例を頑なに動かさないで、いつも定例を優先していると、付き合いの幅も奥行きも減じてしまいます。また、家族の世話を優先するあまり、付き合いを断っていると、他者は寄りつかなくなります。特に、断る理由を家族の都合とする場合で、この返事が二度つづくと、他者は、自分たちの立ち入りを拒否する排他性とまではいかなくても、閉鎖性の人と判じてしまいます。たとえ真実であっても印象を悪くします。

未婚で若い女性は、できることなら同年代以外の人との付き合いがあるといいでしょう。とりわけ年長者からは有益な知識や貴重な体験が吸収できます。相手の性格にもよりますが、質問にはたいてい快く答えてくれます。同年代の友は、楽しくもあり、互いに刺激し合うおもしろさがありますが、落ち着きのある付き合いをもつことで人間接触の別の楽しさが味わえます。

若い女性のなかにしばしば見受けられる「寂しいから友だちがほしい」とぼやく人がいますが、これでは友とされる人は迷惑至極です。寂しさをまぎらわすために友をほしがるその身勝手さを、人はいち早く感知して避けてしまいます。それでこのような台詞が出てしまいます。寂しがる女性は、ひとと出会っても自分の事ばかりしゃべりたがります。新しい出会いがあっても活かせません。ここでも寂しいのはなぜかを探っていくことが先決です。若い女性にかぎらず、寂しがる人はかなりの数に昇ります。寂しさには一時的、間欠的、常時なものがありますが、常時の寂しさは異常であり、その異常さは我欲の強さにおいてです。我欲からの自身の救済が望まれます。寂しさは、まぎれもなく我欲です。

あなたが趣味の会、同好の士の集い、特定の活動のグループなどへの参加を誘われたならば、気軽に入会を承諾してはなりません（あなたが女性ならばなおさらです）。長いあいだつづいている集まりには特に慎重になってください。できれば事前に複数の会員から情報を得ておくのが賢い方策です。人間が結成する集団の有りようは、時間の経過とともに当初の趣旨から懸け離れていくのが通例です。建前では会員はすべて平等と謳っていても、じっさいはボスや音頭取りがいて、それも複数がいて、それぞれが派閥をつくっています。いったん一つの派閥に属してしまうと、抜け出すことができなくなります。そのような会の有りように嫌気がさして脱会しようと思っても、勧誘した人や、義理ができてしまった人の手前、言い出せずにだらだらと時をすごしてしまいます。会員のなかには、毎日ヒマをもてあまして、集まりのための集まりを目的にしている人たちがいます。会の目的はそっちのけで、集まりが跳ねたあとも飲食とおしゃべりに時間をつぶしています。誘われても付き合う義務はありません。詫びてさっさと帰宅すべきです。再度誘われても応じなければ、相手はあきらめてしまいます。

単に知り合い程度の他人から頼み事をされても、断れない人がいます。詐欺師の格好の標的になる人です。価値のない物品を多額の金銭で買わされてしまうなど、大きな損失をこうむることがあります。明らかに本人の責任です。このような人には心に重大な欠陥があります。それに気づかないと何度も愚行を繰り返します。断れない理由は明白で、他人からよく思われたいとか、断ると悪く思われやしないかという見栄心が強いか、または、毎日を人恋しい気持ちで送っているかです。子どもの時に、断ることのたいせつさを教えられないで、他人に気に入られることばかりをしつけられてきたからでしょう。このような人でも、成人すれば他人の目を気にするだけでは生存はおぼつかないのを感じとるのが成熟のプロセスですが、不幸にして目覚める機会を逸したのでしょう。

断ることができない人は、まず自分の心の有りようの注視と分析からはじめなければなりません。なぜ他人によく思われたいのか、なぜ人恋しいのか、それは、人生の目的がないからなのか、熱中できる活動がないからなのか、自分の居場所がないからなのか、よく考える必要があります。

あなたは「いまどんな人と付き合っていますか」と、きかれたら、友、恋人、兄弟、同好の士、恩師、知人、ご近所、職場の同僚、取引先などと答えるでしょう。結婚している男性に対して「奥さんとは付き合っていないのですか」と、再度尋ねると、たいていの男性は、「付き合うも付き合わないもないだろう。女房だから」という返事がもどってくるでしょう。そのような男性には、きょうからは夫婦の関係に少しばかり他人との付き合いの要素を入れていくのをおすすめします。円満度はもっと高まるでしょう。奥さんのほうも少しずつ変わっていきます。

　夫婦は縁によって結ばれましたが、もともとは他人同士です（人類の淵源をたどれば他人ではありませんが）。どんなに慣れ親しんだ相手でも純粋の一個人と一個人の関係であることには変わりなく、この観念がないと夫婦仲は時折ぎくしゃくします。ぎくしゃくするのは互いの距離がゼロになっているからです。世の説では距離がゼロであるのが夫婦仲のよい証しとされていますが、まったくの誤解です。ゼロでは相手の幸福にも自分の幸福にも寄与できません。相手の幸福を図る視界がなくなってしまいます。読者のなかには、この本のはじめの部分で他人（家族を含む）と記されていたのを、奇異に思われたかたもいられるでしょうが、奥さんだけでなく、お子さんたちも存在の本質は他者・他人です。このような認識がないことから家族の破綻が生じます。破綻は、「理解と認識が間違っていますよ」という神の声です。家族は、他人同士が集まって同じ屋根の下で住みつづけることで、はじめて家族になります。血縁の有無は関係がありません。人は、家族の一人ひとりに対して他人としてむきあう時がないと、家族も自分も幸せにするのがむずかしくなります。

家庭内の些細な悶着は、家族なら付き合いのルールを無視していいという考えから生じます。その考えの背後には、相手が家族なら何でも許されて当たり前という甘えがあります。個人が確立していず、血縁信仰と家父長制度から未だに脱却できないでいるこの国の家族は、それぞれが、家族なら黙っていても自分は理解されて当然だ、と思っています。

しかし、環境は日々変化し、否応なしに個人であることを要求される場が広がり、家父長制度の維持は徐々に困難になっています。現代では、慣れ親しんだ者同士のあいだでも、互いの意識のちがいのために、以心伝心《いしんでんしん》と阿吽《あうん》の呼吸による意思伝達は通用しなくなっています。時代の変化をいち早く感じとった夫婦は、前世代に属する親たちには血縁信仰と家父長制度の名残を維持させますが、自分たちの世代で打ち切り、次世代の子たちには送らないようにして、それぞれの世代が生きやすいように図っています。さらに、自分たちと子たちは、それぞれが個人の生き方を尊重するように努めています。このような家族は、互いの生きる環境のちがいから、情報交換が盛んになり、親愛感は深まり、絆はいっそう強まります。

ついでながら、円満な家族の特徴をみてみましょう。そのような家族は、第一に、物質生活の原資をもたらす者を中心に生活を組み立てています。その者が転勤の命令を受けた勤め人であっても、単身赴任はありません。子が幼くても、あるいは進学の問題を控えていても、共に転地します。子にとっていろいろな地域を知ることは良い事と考えています。第二に、家族のそれぞれは相手との家族の関係とは、別の関係の要素を多様にもっていることです。互いに友であり、教師であり、コンサルタントでもあります。時には子が母親や父親になるときもあります。夫にとって妻は、茶飲み友だちであるとともに、有力な情報提供者でもあり、夫の有能な助手でもあります。仲の良い家族は、それぞれが多様な人物の要素をもつ人たちであり、戸籍上のポジショニングを上回る関係をつくっています。個人として付き合う相手となる場合がしばしばです。それは生涯にわたってつづいていきます。

付き合う相手でいちばん親しいのは、自分自身でしょう。人は頻繁に内的独白で自身と語り合います。「今月はよく働いたから休暇をとって旅行に出かけよう」「新しいコートを買いたいが、年内はがまんして年明けのバーゲンを狙うのがよさそうだ」「この仕事は根回しをやめて、いきなり提案するのがいいかもしれない。そうしよう。いや、待てよ、やはり根回しだ」など。自分にとって自身は、友であり、顧問であり、指導者です。重大な選択を前にして決断がつかない場合、独りになって瞑想し、いったん脳を空っぽにすると、直感が正しい選択を示してくれます。後悔や自責の念で苦しんでいる時は、「もうじゅうぶんに苦しんだ。自分は自分を許す。立ち上がって歩き出そうではないか」と、自身に対して慈愛を注げば、癒され、新たな気力が湧いてきます。

自分との付き合いで「自分が好きになれない」と、不平を言う人がいます。怒りっぽい、嫉妬深い、すぐに落ち込むなど、多くはネガティブな性格を直そうと努めながらもうまくいかないので、自分との折り合いのわるさに惑っています。これらの性格のために実務上で失策した経験があればなおさらです。このような人にかぎらず、だれでも多少とも自分の欠点を嫌っています。性格の変革は強い動機でもないかぎり容易ではありませんが、自分についての認識を改めることはできるでしょう。まず、性格面でも完璧な人間などいないということを理解し、自分にあるいくつものよい面を再確認することです。一つでもいいのです。つぎに、性格にせよ能力にせよ、理想の三〇パーセントであれば上々と思って、そのような自分を黙って愛することです。欠点があり、欠陥があり、そのために悔いが多くて好きになれない自分でも、ありのままの自分を愛することです。

「人間は、相手が他人であろうと自分であろうと、好きでなくても、愛することはできる」——この言葉は、キリスト教のお坊さんの教示です。とても重要な事です。人間は、好きな人も好きでない人も愛することができます。たとえ、敵でも愛せるでしょう。いろいろと条件をつけて愛するのは、愛ではありません。黙って相手を丸ごと愛するのが愛です。なぜ、嫌いな人まで愛することができるのでしょう？　人間界の人間は、誰一人として他者とつながっていない人間などいないからです。成熟していない人は好きと愛を取り違えたり、嫌いを憎しみに転化させたりします。

付き合いの関係の有りようを相手との距離にたとえると、自分との距離は最短距離、家族とは短距離、友とは近距離、知人や仕事関係の人たちとは中間距離、世間一般とは長距離です。このうち思いのほか重要なのは中間距離の人たちとの付き合いで、この距離での付き合いの会話は互いに抑制を効かせていますが、伝達される情報と表現される知識には生々しいものがあります。理解が浅い問題について問える間柄です。その人たちとの関係を疎かにせず、同時に親しくなりすぎないように中間距離を保っていれば、視野をぐっと広げることができます。

なにかと付き合いの多い人は、付き合いを整理して時間を有効に使うように切り換えることがたいせつです。気持ちの上では付き合いたくないのに、万が一の時に力になってくれるだろうという思惑から、権限のある人やお金持ちと付き合っても得るところはありません。救いがほしい事態になっても支援は得られないでしょう。義理での付き合いは最小限に縮小し、自分が心底から楽しめる付き合いを深めていくのが、『人と人』とのよろこびを多く体験することになります。

付き合いは楽しい。だが、会話する自分の言葉に慎重であれ

超日常

わたしたちの日常生活は、内部世界と外部世界の互いの働きかけとその反応で一日を終えますが、わたしたちは時たま、この両世界とはちがった異次元の世界があるのを感じるときがあります。虫の知らせ、第六感、幸運、不運、霊感、テレパシー、シンクロニシティー（意味のある偶然の一致）など、理由がわからない現象を経験します。また、深い悲しみに沈んだ時や、愛する人が危機に瀕した時、あるいは自分が進退窮まった時などに思わず口にする「神さま」「仏さま」は、日ごろは意識を向けていなくてもこのような時だけは一心に唱えます。自分のどこかに人間の力を超えた力の存在を信じたい気持ちがあるのでしょう。ほかにも、自身は体験しなくても、体外離脱、透視、霊能、神仏との交信、チャネラー（霊界にいる指導者が憑依した人体）など、神秘な現象を耳にしたことがあるでしょう。

この第三の世界は、肉眼では見えないし、常時生起するものではなく、法則性もないように思えるので、わたしたちは通常強い関心をもちえません。それでもわたしたちは、自分の運命については無関心ではいられないようで、占いや運勢判断によって将来の自分の姿や現在の問題点を知ることに興味をそそられます。最後の四つの章は、未知の領域があまりに広大な第三世界のほんの一部ですが、取り上げます。あなたの独自の感性で解釈し、探ってください。

人びとのなかには、第三世界の存在をまったく信じない人も少なからずいます。いえ、そのような人のほうが多いでしょう。あなたがそのうちの一人であっても、外部世界と内部世界を超えた何らかの働きが人間に及んでいるのを感じている人たちがいることを知っておくのは、人間という存在を理解するうえでむだではないでしょう。また、人の運命についての考えも少し変わるかもしれません。同じ能力をもった二人の青年が、同じ環境と条件のもとで、同じ努力を注いでも、一人は幸せになっていくのに、いま一人は不幸になっていくなど、不公平ともいえる人間界の事象には何が作用しているのかを考えてみようと思うかもしれません。

第二十一章　因果について

わたしたちは、「いっさいのものは原因があって生起し、原因がなければ何ものも生じない」という因果律のもとで生活を営んでいます。農業にその典型をみることができます。土地を耕し、種を蒔き、施肥し、発芽したら小まめに手入れをして、はじめて収穫の時期を迎えます。その結果、作物は蒔いたタネの何十倍、何百倍にもなってもどってきます。自然と人為の調和による豊穣のこの原理は、社会という畑でもかたちを変えて貫かれています。ただ、その実りの内容といい、取り入れの時期といい、農業の場合とはあまりにも異なっているため、ほとんどの人は関心をもちえません。社会での行為と帰結を鋭い直感で見抜いたほんのわずかな人たちがこの原理を知って応用しているにすぎません。鉄鋼王と称されたアメリカの実業家A・カーネギーは、「この世に無償のサービスというものはない」と語っています。人は無償で奉仕行為をおこなっても、その行為はいずれその人のところに報酬をもたらすということです。しかしながら、社会という畑に暮らすわたしたちはこの事象を信じることなく、無償の行為という種を蒔かず、目先の利害損得をめぐってあくせく働いています。

よい種を蒔けばよい実がなります。わるい種からはわるい実がなります。よくもわるくもない種からはよくもわるくもない実がなります。人は、過去に蒔いた種の実りをたえず刈り取っています。現在のあなたが置かれている状況の一部、あるいは大部分は、あなたが過去に蒔いた種が実を結んだ可能性が大いにあります。また、過去に種を蒔かなかった可能性があります（種を蒔かなかったという種を、蒔いたともいえます）。社会という畑であなたが蒔いてきた種は、いま発芽したばかりの種もあれば、生長の途上にある苗もあり、今年が刈り入れの時期を迎えている作物になっているものがあります。ほかに、十年後、二十年後に結実する種もあるでしょう。

人は、種を蒔いている意識がないままにすごしているので、現在の状態が過去の行為に起因しているとは気づいていません。「どうしてこのような大きな仕事の受注ができたのだろう」「理想の女性に出会えて結婚できた。信じられないほどの偶然の出会いだった」「当初、長期の入院が必要と言われたが、たったの二週間で退院できた。奇跡だ」と、うれしく思う人たちがいるいっぽうで、「なんで自分だけがこんな目に遭わなければならないのだ」「悪い事は何一つしていないのに、ちっともいい事がない」「毎日、神棚と仏壇に手をあわせているのに、わたしはどうして幸せになれないのだろう」とぼやく人たちがいます。
人は、大宇宙から素粒子の一個まで、すべての現象が因果律に基づいて動いているのは理解できても、いまの生活や仕事に起こっている事象や暮らしの状態が、何が原因でこのようになっているのかについては理解しようとしません。外出先で転んだのは、自分の不注意で段差に足を取られたのが原因とわかっても、やる事なす事うまくいかない原因については無関心でいます。同じように、幸運や好循環に恵まれている原因についても意識をむけることなくすごしています。人は知らず知らずのうちに運命の種を蒔いています。

農業の場合は、畑に蒔いた種は当然その畑で実ります。自然界での因果は同一の場所で終始します。種を蒔いた畑と実りを取り入れる畑がちがうことなどありえません。しかし、人間界では実りは種を蒔いた畑から取り入れるのではなく、ほとんどが別の畑からです。この事は重要な現象なので、ぜひおぼえておいてください。稀に、蒔いた畑から実りを刈り取ることはありますが、あくまでも特例中の特例であって、まずありえないと考えてください。あなたがかれのために尽くしても、かれからの見返りはなく、別の人から、あるいは別の事象によって実りが得られるということです。かれとその別の人や別の事象とはまったく関係がないように見えるので、あなたは実りの因果関係について気がつかないでいます。気がついても何年も過ぎたあとでしょう。

また、あなたが、種を蒔く行為と作物を育てる営みのそれ自体が好きであれば、ことさら実りを求めなくても、あなたにはどんな畑からでも豊かな実りが届けられます。因果律はあなたの意思とは関係なく働きます。

自然界では、原因があって結果があらわれるまでの時間はあらかじめ予測できますが、人間界では予測がつきません。そのうえ、自然界では畑での実りは蒔いた種と同じですが、人間界では蒔いた種とは思いもつかない実りとなってあらわれます。Aさんは、エレベーターに駆け込もうとしてきた人のために閉まりかけたドアを開けて待ってあげました。その行為を三分後にはAさんは忘れてしまっています。二年が経ったある日、Aさんは思いがけない人から多額の贈与を受けました。エレベーターでの親切と贈与とは通常の思考では何の結びつきもないので、Aさんは幸運としか思っていません。原因と結果の質があまりにもちがっていて、しかも、他人に親切にしたことなど記憶に残っていません。人間界での実りにはこのような例がほとんどです。一見したところ無数の人たちは個々には関係なく活動しているようでも、人間界の深層では、すべての人、すべての活動がつながっているので、個々の物事と事象は、単独には存在しません（わたしたちの生活の成り立ちを考えただけでもおわかりいただけるでしょう）。この事が偶然と思われる現象を生起させています。

わたしたちは自分に訪れた意想外の出来事を「運がよかった」「災難だった」「僥倖だった」「不運だった」などと語っていますが、賢人たちは「この世に偶然というものはない」と明言しています。

エレベーターでの行為を引合いに出したのは、わたしの友の体験でもあるからです。

小さな会社を経営していたかれは、五十歳から五十三歳の三年間にわたって、公私とも財政的にたいへんな苦境にありました。ところが、五十三歳の時に、思いもよらない好条件の仕事を得て苦境を脱しました。その仕事を契機にして以降は良好な財政状態を維持していますが、その受注を長いあいだ偶然の事としか思っていませんでした。十年後にその時の幸運を振り返ったとき、苦境の脱出とはまったく関連がないのに、なぜか山手線の車内での小さな出来事が思い起こされました。たぶん、五十二歳のころだったようです。沈滞の気分の日々がつづいて、所用のために電車に乗ると、帰りはホームのベンチで何をすることもなく、到着しては発車していく電車を何本も見送ることがたびたびでした。会社にいるのがつらかったのです。

その日の午後も浜松町駅で数本の電車を見送ったあと、ようやく帰社の決断をし、乗車列の先頭に並んでいたかれは、ドアのすぐ脇に空席があったので腰を降ろしました。それと同時に中年の婦人に手を引かれた小柄な老婦人が入ってきました。かれは本能的に起立して席をゆずりました。老婦人は体が極度にわるいらしく、座る動作さえ危なっかしい様子でした。かれは発車の振動でよろけたら倒れてしまうと思い、抱えるようにして座らせました。付き添いの婦人（おそらく娘さんらしい女性）が何度も礼を言ってくれました。かれはそれとなく場をはずして、立っている人たちのあいだを擦り抜けて車両の隅に移動しました。ところが発車すると、付き添いの婦人がかれの前にあらわれ、再度にわたって礼を述べてくれたので、かれは、二駅目で降りるのでお気遣いなく、と言って安心してもらいました。

長い年月が過ぎ、かれは仕事も生活も順調な現状を思うと、進退窮まった状況から救われたのはあの出来事のほかに原因は見当たらないと思い、今にも崩れそうな老婦人の姿は、自分ではなかったのか、と覚りました。自分の中の何かが自分を救おうとして、その橋渡しをしてくれたのがあのふたりの婦人であったのに思い当たりました。

人間界においてよい種を蒔くとは、人のためになる事を行うことです。それを行うのは信条からにせよ、慈悲心からにせよ、あるいは単なるマナーからにせよ、動機はさまざまでしょうが、それぞれの動機と実りには関係がありません。関係があるのは、人のためになる行為と相手に見返りを求めない心の態度です。行きずりの人に対しての親切、好意、手助けは、その見返りを求めることがないので、行為と心の態度は純粋です。この純粋性が実りを生むのです。利害関係にある相手でも、行為と心の態度をもって尽くしているかぎり、純粋性は保たれ、種まきは有効です。相手が身内であれば、自分の行為は無償であると思っていても、対自思考が介入してくるのは避けられないので、純粋にはなりきれません。種まきには見知らぬ人への行為がもっとも自然におこなえます。

種まきと実りの原理を知って、実行している人は、相手の反応の如何を問わず尽くします。実りは、尽くす相手からは見返りがないのがあらかじめわかっているので、気楽におこなえます。むしろ相手を、種まきをさせてくれる人としてみていて、ほのかな親愛と謝意をもって尽くします。その心情は雰囲気となってあらわれ、相手に好印象をあたえます。

繰り返しますが、人間界での種まきの特殊性は、その一は〝異なる畑からの収穫〟、その二は〝取り入れ時期の不明〟、その三は〝種と異なる実り〟、その四は〝収穫高〟です。その一がもっとも基本的な認識となります。これがまさしく種まきを不信にさせている性質ですが、種まきを興味本位から行うにせよ、実りの希求からにせよ、あるいは無意識からにせよ、行った結果である実りは、確実にあなたを幸せにします。

種まきの特殊性のその三とその四にも注目してください。ふつう、『人のためになる事』といえば、労役の提供、社会への奉仕、金品の寄付を考えますが、意味をもっと広くとってください。先の例のエレベーターでの行為のように、日常、あるいは仕事の場での些細な言動を含むと解釈してください。気落ちしている人をジョークで笑わす、地位の上下にかかわらずこちらからあいさつする、人が行き交う狭い通路ではこちらが脇に寄るなど、取るに足らない小さな行為でじゅうぶんです。むしろこのほうが種まきには効果的です。小さな行為が種まきによいというのは、そのような行為はすぐに忘れてしまうからです。

種まきは賭けではありません。不確定因果律の行為といっていいでしょう。わたしたちは、あまりにも明確な事にしか信をおかないで暮らしています。それで毎日が満ち足りているでしょうか? 「おもしろくない」「楽しくない」「退屈だ」という言葉をよく耳にします。それは当然でしょう、確定しているものには何一つとして魅力はありません。劇的な展開や驚異の飛躍、予想外の成果や信じられないほどの幸運は、不確定の大海原に出航してはじめて体験できます。目先の損得志向のあまり、わたしたちは確定したものにしか目をむけなくなっています。それは同時に生の衰弱をもたらしています。おもしろくない、楽しくないのはその警告です。

挿話

ある中堅企業の社長が語ってくれた話です。この会社は伸び盛りで、商品開発の巧みさとすぐれた営業力を備えていました。営業幹部の人たちの能力は互角で、次期営業部門の最高責任者にはだれがなってもおかしくない人事の状況にありました。それだけに昇進競争は熾烈で、それが会社の活力の一因ともなっていました。

社長は人選を思案していましたが、結論の出ないまま中間決算が終わり、下期の目標を達成するために全社の幹部を集めての研修会を開きました。場所は温泉旅館で、部門別に部屋が割り振られ、幹部たちは閉会後も達成への細部の詰めの作業をつづけました。その夜は宴会です。

研修の日程を終えて、営業の幹部たちは部屋にもどってくつろいだあと、浴衣がけになり、スリッパに履き替えました。一同が大浴場にむかおうとして部屋を出る時、最後の一人が目立たない動作で、同僚たちの靴を手早くそろえて出ていきました。その行為がたまたま通りかかった社長の目に入りました。

新年度の営業の最高責任者には、靴をそろえた人が任命されました。社長は、これからの幹部は、ただガムシャラに働くだけでなく、人間的に成熟度の高い人物を望んでいました。履物をそろえるという小さな行為のなかにも、美意識、秩序尊重、危機即応が表現されています。緊張から解放されて気がゆるむ時にも品位を失わない行為に社長は感じ入ったのです。

ところが、任命された当人はなぜ自分が選ばれたのかは知りません。後日、わたしがかれと会った際、かれは、自分は仕事の成果を上げるために努力はしていたが、このような辞令を自分が受けるとは予想しなかったし、いまでも不思議に思っている、と胸のうちを明かしました。

あなたは、社長が通りかかったのは偶然だと思いますか。それとも、通るべくして通った必然だと思いますか。社長が言うには、帳場に用事があったのでそこへむかう途中、順路をまちがえて遠回りをしてしまい、営業の人たちの部屋の前に出てしまったそうです。

新任の辞令を受けた人の立場から見れば、履物をそろえたのなら、履物をそろえてもらった人たち（種を蒔いた畑）からお返しがもどってくるのが自然界の因果律です。履物をそろえることとは何の関係もないように思える会社人事（別の畑）から大きな実りを刈り入れるのは人間界の因果律です。種を蒔くといっても本人にとっては実りなど考えられず、すぐに忘れてしまうほどの日ごろの習慣的な小さな行為だったのでしょう。いっぽう社長のほうは人事決定の期限が迫っていました。自分が納得のいく人材を選びたいと思っていました。目に入った一瞬の光景で決定はなされました。たぶん、ひらめきのような決断だったでしょう。そこには論理も分析もありません。その後、営業成績は好調に推移しています。

人間界ではすべての物事は、固有の関係のあるなしにかかわらず、人と人とのつながりによって運ばれていき、時には偶然とみられる出来事というかたちをとって結果します。したがって街中ですれ違った人が結果に関係しているかもしれません。しかし、どのような仕組みと過程で出来事が生起するのかは人知の域をはるかに超えているので、わたしたちには偶然とか幸運とかという言葉でしか言い表すほかないのです。

人間界にも因果律が働いているのは、地球界全体が因果律の働いている場だからです。地球界というより宇宙界といっていいでしょう。超宇宙界といってもいいかもしれません。因果律が働く過程を見ることはできませんが、わたしたちの住んでいる世界は、磁力がつねに働いている磁場のような因果の場となっています。

蒔いた種は生える。ただし、取り入れるのは別の畑から

第二十二章　過去、現在、未来について

自分の未来についてただ一つ確かなのは、自分は死ぬということです。そのほかの事はいっさいわかっていません。明日は大地震がきて家が倒壊するかもしれないし、たまたま気まぐれに買った宝くじが一億円の大賞に当たっているかもしれません。このような仰天的な出来事を別にしても、世の中は刻一刻と変化しています。その変化に戸惑う人たちもいるでしょう。

このような不明の未来とちがって、過去はゆるぎない確かさをもっています。過去の感情や思考はともかく、過去の事実は自分も他者も否定できません。わたしたちは、確かでない未来を前にして過去の確かさにしがみつきます。この態度が人の旧守性を強化します。個人も組織体もこぞって言います、「あのときはこうだった。だから……」と。現在のとるべき行動を過去に決めさせてしまいます。経験主義に則《のっと》ってよい結果を得ることはあっても、過去以上の成果を得ることはないでしょう。過去は事実の重みをもって、判断の材料や説得のための有力な資料となり、現在を支配し、未来を決定させます。

未来の不明、未知、不確かさは、未来にむかって進もうとするわたしたちをたじろがせます。理想、希望、念願は実現の不確かのゆえに、断念せざるをえない場合がほとんどです。大きなリスクが予想されればなおさらです。リスクに嵌まって苦い思いをした前歴があると、望ましい未来を描くことさえ放棄してしまいます。このように、過去は現在を束縛し、未来に対して圧倒的優位にあります。過去にとらわれない斬新の決断は容易ではありません。

無数の記憶のなかには、しばしば反芻《はんすう》して自分を現在に拘束し、時間を奪い、時には激しく苦しめる過去があります。病態となって浮上してくるトラウマ(精神的外傷)とまでいかなくても、おぞましい体験は、事あるごとによみがえり、現在という実在する唯一の時間を奪ってしまいます。過去の事実は消えても、記憶は現在を占拠し、むしろ実体験以上の臨場感と圧力をもって現在を支配します。インフェリオリティー・コンプレックス(劣等感)といわれる心の奥に何十年ものあいだ居座っている情念は、飲酒の場などで、劣等感とは裏返しの高圧的な暴言をもって突然あらわれて、まわりの人びとを驚かせます。情念が暴発した人の、興奮に震えて怒鳴りまくる形相に、人びとはかれに何が起こったのか理解できず、呆然と見守るばかりです。

無差別殺人の犯罪者たちは、動機を異口同音に「むしゃくしゃしていた」と言っています。そのむしゃくしゃが何に対してのものかは具体的に語っていませんが、一部の犯罪者が吐露した言葉の端々からは、犯罪の決行は目の前の光景に対してだけでなく、何層にも堆積した記憶に対してであることがうかがえます。何年も前からむしゃくしゃを起こさせる光景を抹殺したい感情に駆られていたのでしょう。過去に経験した無数の苛立ちが消え去ることなく、過去の光景の上に新たな光景が重なって、鬱積した情念は、許容量を超えてしまったのでしょう。「死刑になりたい」と自白するほどの記憶の呪縛から解放されるのは、死ぬことでしかないのをかれらは感じ取っていたと思われます。かれらにとっては何十年の過去は、そのままの姿で現在に生きつづけています。

かれらのむしゃくしゃの源泉は、おそらく強い疎外感でしょうが、その疎外感はまったくの錯誤です。犯罪者たちは、自分以外の人たちもむしゃくしゃした気分でいるのを察知していません。まして、むしゃくしゃにじっと耐えていることなど思いもおよびません。まわりの人間たちはハッピーなのに自分だけがこの世の受難者だと思い込んでいます。

過去が現在を呑み込んでしまう例は日常でも多くみられます。愛する人に先立たれた恋人、定年退職して数年が経過した元会社員、溺愛していたわが子が結婚して家を去っていったあとの親などです。「それは過ぎた事なのだ」と、頭では理解できても心は過去に膠着し、記憶を拭い去れないでいます。このような人たちのみならず、過去への強い執着は、唯一生きている現在という時に対して目隠しをさせます。そこからさまざまな煩悶や混乱が生じます。それらの不具合を鎮めるための一つの成りゆきが病気です。病気は「過去にではなく、現在に生きなさい」という合図です。病気になれば、現在の苦痛や不便と闘わなくてはならないので、過去に埋没するどころではなくなります。病気は、この今を生きようとさせる一種の救済です。治ったあとも再び過去に舞いもどれば、病も舞いもどってきます。

人の意識が、唯一実在する現在の時間を放棄し、すでに過ぎ去った事象、未だ来ない夢想に長い時間浸っていると、目に映る現在の光景は望ましくない様相を帯びてきます。それがますます現在からの逃避を促します。人はもはや生きているとは言いがたいでしょう。

現在だけが新しい経験をあたえてくれます。人間は、現在に生きてこそ生きているのであり、きょうの一日はゼロ歳児にも百歳の人にも等しく同じ価値をもっています。しかし、現在に生きるのは頭で考えるほどに簡単ではありません。退社間際に上役から理不尽な命令受けたその日、帰宅してからも腹立たしさと嫌悪感は鎮まらず、上役の残像を消し去ろうとビールを片手にテレビにむかっても、放送の内容はコマ切れにしか頭に入らず、心の目は上役の残像を睨みつけています。相手が目の前に存在しないことが、かえって悶着を生々しく再現させ、抗議心を高ぶらせ、目と耳はテレビの画像にむいていても視聴はしていません。映像と音声が流れているだけで、記憶がすべてを覆い、現在という時間は無意味に流れていきます。わたしたちにはこのような中途半端に過ごす時間があまりにも多いのです。

現在が空しければ人は懐古に傾きます。心地よい遠い過去の記憶は現在を金縛りにさせます。その懐古は、真実の過去とは多分に異なります。老人の繰り言の「むかしはよかった」のむかしは、選択されたむかしであり、潤色されたむかしであり、自分に都合のいいむかしです。よい面は強調され、さらに想像力によって美しく演出されます。

老人ならずとも記憶が人前で語られる場合、巧みな話者の手にかかると、話者の過去の出来事は大きくデフォルメされ、ドラマティックな物語となって現在によみがえります。ストーリーには創作が加味され、舞台装置には色彩と装飾がほどこされ、照明は聴き手の関心の的に当てられます。話には巧妙に虚構がしつらえられた一つの作品となります。とはいえ、ネタとなった出来事は事実なので、まったくのウソではなく、それが語りに迫力をあたえ、聴き手に生々しい臨場感をもたせます。

笑わせ上手の話者には落語や漫才の才能があり、聴き手をシリアスな気持ちにさせる話者には劇作や小説の才能があります。双方を兼ね備えた話者は、人を楽しませることにかけては一流の人物で、貴重な存在です。他者を楽しませるこれらの話者の意識は、過去を材料にしていても、あくまで他者を目の前にした現在にあります。他者の前で遠い過去の悲しい出来事を涙ながらに語るのとは質的に異なっています。

人が過去を回想し、系統的に記述する場合も、真実は限定されたものになります。『回顧録』『告白記』『自分史』といっても、じっさいは都合よく選別された選択録です。自分に都合の悪い事実は意識的にも無意識的にもカットされ、人びとの顰蹙《ひんしゅく》を買う悪癖は意図的に除外され、記述には陰に陽に自己正当化がなされています。また、本人が自覚していない乳児のころの体験がトラウマ的になっているならば、その事実と影響は意識下に閉じ込められたままになっているでしょう。客観性を尊ぶ歴史書でさえ、価値観の視点によっては同じ事変でも、異なった記述になります。過去は、個人だけでなく、社会もまた因習、慣例、仕来りの形をとって、現在を覆っています。現代にそぐわない法律や制度が依然として延命しているのも、あながち立法府や行政府の怠慢とは言い切れず、過去を温存したい人びとが如何に多いかを示しています。

人は、死を迎えるまで、これから先の生がどうなるかわからない未来を提供されています。わからないということ自体が人を不安にさせ、心配をつのらせます。しかし天は、わ・

からないという恵みを与えてくれていることにわたしたちは気がつかねばなりません。もしも生まれたときから自分の将来のすべてがわかってしまったならば、人生はただの日程の消化作業になってしまいます。労苦でしかない将来であれば、空しさのために自殺する人さえ出てくるでしょう。望ましい将来であっても、勝敗があらかじめ決まっているスポーツをやっているようなもので、懸命の工夫や努力は必要なく、勝っても感動は起こらないでしょう。不確定の将来であればこそ自由の行使によって将来を自分のものにすることができます。人生に目的をもち、願望をいだき、困難に挑戦し、ベストを尽くせば、好ましい将来がつくれます。現在という時は、目の前の物事に集中しながらも、同時に、自分の将来像をつく出す重層の場になっています。

人生に目的をもつのともたないのとではまったく異なった将来像が出来上がります。目的をもつと、全身全霊がそのように目的にむかって整えられます。神経細胞をはじめ、すべての細胞が指令を受けて目的にむかって働きます。その人の意思が働く時も働かない時も、細胞は働きつづけます。第六感とか直感とかはこの事を証明しています。目的をもたなければ細胞たちは生体維持のためにだけしか働かざるをえません。また、目的がないために生体の主が不安と心配のタネに焦点を合わせれば、細胞たちの維持の働きには負荷がかかります。

あなたが確固とした人生の目的をもっているのなら、願望の実現と同じく、あなたの目的は他者には関係のないことなので、かるがるしく他人に語ってはなりません。沈黙を保ち、現在という時をムダにすることなく、ひたすら歩みを進めていけば、目的はかならず達成されます。

自分の将来像を思うとき、よくないと思いつつも好ましくない像になってしまい、みずから気分が落ち込んでしまうことがあります。このような場合、意志の力で自分を鼓舞して無理に良い像を描こうと図ってはなりません。反作用の心理でかえって好ましくない像を強化してしまうおそれがあります。好ましくない像の現出は、不安感、自信のなさ、暗い見通しなどで心が占められているからなのでしょう。このような場合、将来については刻々の現在に集中し、結果はどのようであれ自然（天の営み）に任すことです。それでも表面的に、あるいは短期的に成り行きが自分の希望に背くようであっても、あえて受け入れながら、目の前にある物事にベストを尽くすことです。

困難な問題に直面して現在と未来について考えるとき、成功哲学や自己啓発を唱える一部の人たちは「マイナス思考をするな、プラス思考をせよ」と説きますが、じっさいには思考の転換ができない人たちがたくさんいます。転換どころか、プラス思考をしようとすればするほどマイナス思考に傾いてしまう人がいます。そのような人たちは思考自体を放棄すればいいのです。「将来はわからない」が正解です。それでも将来に対する不安と心配のタネがどうしても気にかかるのなら、不安と心配が的中した情景をまざまざと描き、苦しみを負って、のた打ち回る自分を想像し、地獄のさまを感じたうえで、その情況を静かに受け入れることです。曖昧な不安と心配がいちばんよくありません。悲観論なら悲観論に徹すべきです。悲観のなかにありながらも『ベストを尽くす』と自身に誓うのが望まれます。そのように心の態度を決めると、ネガティブな情念は消え去ります。

古今東西の賢人たちは、「現在だけが生きている真実の時間である」と説き、「過去の追想と未来の夢想に時間を費やすな」と戒めています。現在に生きるということは、明日は死ぬかもしれないからなどと刹那的に行動するのではなく、現在の時への集中です。物事を手がけるのも、条件が完全に調うのを待っていないで、ないないづくしのなかからはじめることです。「体調がよくなったらマラソンをはじめよう」ではなくて、歩ける最短距離でいいから、いますぐに歩きに出かけるべきです。「時間ができたら水彩画をやろう」ではなくて、手もとに筆や紙がなくても、いますぐ、筆をもったように指を組んで、壁にむかい、空*間を紙として描き始めるべきです。現在を生きれば、未来はあなたの想像をはるかに超えた快適な日々となります。

＊生涯無一物の暮らしを貫いた禅僧良寛の書の純粋美は、筆もなく、紙もなく、空《くう》に書くことによって生み出されました。

活きている時間は現在だけである。それを殺してはならない

第二十三章　人生の運行について

法律上は、万人は平等でも、人生の運行（運の方向と動きと強さ）には差異があります。人は、もともと生まれた時の環境と条件からして同じではありません。わたしたちは親を選ぶことなく、また、親の親を選ぶことなく生まれてきました。誕生自体も選ぶことなくこの世に出現しました。わたしたちの第一番目の環境である肉体とそのＤＮＡは、選んだのではなく、与えられたものです。わたしたちが幸せになるかならないかは、天与の条件と権能外の条件を受け入れることからはじまります。条件によっては苦しみと悩みを味わいますが、気魂をもって受け入れることによって、未来を切り開いていけます。かなりのハンディキャップをもって生まれた人も、条件を受け入れることで、ハンディを乗り越えた人たちがたくさんいます。どうしても受け入れることができずに、条件を呪い、親や世の中を恨み、劣等感をいだいてしまえば、投げやりな気分で暗い道をふらふらと行く人生になってしまいます。このような人は、もっと劣悪な条件のもとで生まれてきた人たちが、悩み、苦しみながらも腹を据えて条件を受け入れ、歩み出しているのを知りません。自分だけが不当な扱いを受けていると思っています。

天から所与のもとして用意された誕生の環境と条件はさまざまです。お金持ちの家に生まれた、教養の豊かな両親のもとで産声をあげた、兄弟の多い家庭に生を受けた、混乱の国に出生した、先祖から受け継いだＤＮＡが不具合だった、望まれない子として誕生した、などです。この差異を非としても、天はすぐには均《なら》してはくれません。しかし、お金持ちの家に生まれたからといっても、幸せとはかぎらず、むしろ制約が多く、重苦しさを感じながら育てられていく情況があります。他方、貧しくても両親の愛を一身に受け、家族全員が互いに助け合いながら幸せに暮らしていく情況があります。一つの視点からでは、誕生の運不運は即断できません。完璧の視点からは、だれもが何らかのハンディキャップを負って生まれてきたといえるでしょう。それでも天は人間をつくるに際して、人間がよくもわるくも所与の条件のもとで挑戦し、ハンディキャップを乗り越えていくことで、人生を望ましい運行の軌道に乗せていくように人間を設計しています。人は、その設計にしたがい、挑戦への意志とハンディ無視の態度によって、自他の予想を超えた良い人生を展開させます。この意志と態度は他者に教えられなくても、その人の内部世界で発酵し、醸成されます。動機はさまざまですが、幼少時の外部世界への鋭敏な認識が大いに与《あずか》っています。

出生の環境と条件が不利であっても、生きていく強い駆動力は幼少時に培われます。環境と条件を自分ではどうすることもできないのを、子どもながらも覚り、受け入れるほかはないと認めることからはじまります。天に対しても人に対しても「文句は言わない、思わない」と、自身にむかって誓います。これだけで運はこちらのほうにむいてきます。成長していく過程でさまざまな障害や困難にぶつかっても、自力打開力を基礎に据えているので、運が味方して道は切り開かれていきます。「天は自ら助くる者を助く」です。

運は、自我の希求のない無地の心の状態を好みます。入りやすく、働きやすいからでしょう。強く願ったり、熱心に祈ったりしないのに、つぎつぎと幸運に恵まれる人がいます。信心深いのに不運に付きまとわれる人がいます。このちがいは何でしょう。天はその人が心底で何を望んでいるのかを知っています。人の表面の心と奥底の心は往々にして一致しません。自分でもこの不一致に気がつかない人は多いでしょう。祈っていても、内容は現世のご利益ばかりでは、心は我欲で満杯で立錐の余地もないので、運は通り過ぎてしまいます。

劇的なかたちをとってやってくる幸運や不運ではなく、おおかたの運の進路があります。これをわたしは運行と呼んでいます。その進路が、上昇と下降、飛躍と急落、安定と停滞を激しく繰り返す人もいれば、振り幅の小さい人もいます。運が大筋で良否のどちらにむかっているかを感知したら、上向きならば慎重に、下向きならば大胆に行動するのがよい結果をもたらします。

運と運行をじかに感じる職業があります。事業経営、人気商売、自営業などがよく知られています。これらの職業の人は、明日はどうなるかわからない場で働く人たちです。ビジネスや商いは、それがうまくいく保証はなく、損失が発生しても保障のない営為であり、うまくいかなかったならば、責任はすべて自分一人で負うことになります。この人たちには、寄るべき大樹はなく、頼れるものは自分しかいませんが、営みの好不調の波を長年経験してくると、この人たちは自分の能力を超えた何かの存在が自分の営みを動かしているらしいと感じます。世が好景気に沸いていても、自分のところはさっぱり恩恵にあずかれない、世が不景気に沈んでいても、受注は平年を大きく上回る、絶好調にあって突如危機に直面する、絶望状態に落ち込んだ時、思いがけないところから手を差し伸べられたなどの経験を重ねていくと、知力と努力を超えた自分の運行をつかさどるリーダーを信じたくなり、じっさいに信じる行動にでます。

この人たちは、重要な判断や決断が求められる時、論理と数理を捨て、既知の領域を離れ、異界に移動します。異界とは、易断、風水、占い、信仰、霊界などの超日常界です。特に信仰は精神を鎮めるので、意識は研ぎ澄まされ、最適の判断をもたらします。一代で巨額の財を成した創業事業家が社屋のなかに公にしていない仏間や祈祷の間を設けている例は、わたしが案内されただけでもいくつかあります。工場内やビルの屋上に神棚が据えられているのを、あなたは見たことがあるでしょう。

運にしばしば味方される人は、思い上がることがありません。思い上がらないから運が味方するともいえます。仕事に打ち込んで成功しても、一〇〇パーセント自分でやり遂げたとは考えません。危機に際して力の限りを出しきって脱出に成功しても、何かが自分に舞い降りて助けてくれたと感じています。自営業の人なら、思いがけない仕事の受注や、予想外の金融機関の好意的融資に恵まれても「運がよかった」と思っています。自分に運を差し向けた存在があり、その存在に感謝しています。しかし、本人は運に助けられても運に頼ることは自分に固く禁じ、仕事にいっそうの磨きをかけます。

一般に人は運がゆるやかに上昇しているときには運を感じることはなく、これがふつうだと思っています。運の動向を感じるのは下降にむかったときで、やる事なす事ことごとくうまくいかず、家族にもさまざまな不調が生じると、何かがおかしいと感じます。つぎつぎと生起するよくない出来事に気が滅入り、神経的に参ってしまいます。このような状況にあって大事なのは、この状況を静かに受け入れ、為すべき事は為し、為してはならない事は為さず、時の過ぎるのを待つことです。待つという意識なく待つのです。そして、あえて好転を願わないことです。もう一度申し上げます。好運は、無地の心の状態を好みます。

人間的に成熟していない人や依頼心の強い人は、事態の悪化を他者のせいにして責めたり、自分の怠惰に言い訳をしたりしますが、そのように振る舞うと、運はさらに下降します。また、一気に挽回しようとして事を起こせば、深みに嵌まって、再起不能に陥ります。事態に対しては平常どおりの態度と行動で、ひたすら耐え忍ぶことが最良の策となります。職場、家庭、付き合いの場ではもちろん、独りでいるときもそのようでなくてはなりません。運の下降が気になってどうしても何かをしたいならば、日ごろ自分が改めたいと思っている点から一つを選びとって、これを機会に挑戦するといいでしょう。情況への気がかりはなくなり、その過程で運は好転します。

むしろ運が急上昇に転じたときのほうが問題となります。調子に乗りすぎてしまうからで、「このようなよい状態は長くつづかない」と、引き締めてかからねばならないのに、有頂天になって足を踏み外せば取り返しがつかなくなります。

幸運に恵まれない人や不運に見舞われる人は、この世は論理と数理がすべてであると信じる傾向にあります。このような人たちは、知識階層にも非知識階層にも等しくみられます。最近は、何事にも平均値、最頻値、基準値、標準値の情報が公開されていますが、このような数値に非常に敏感に反応するのもこのような人たちです。その数値が圧力となって論理が展開され、精神的ストレスを生じさせています。心は無地ではなくなっています。所得が平均以下であれば欲求不満になり、総コレステロールが少し高いというだけで食材を厳格に自己規制し、結婚の平均年齢が迫ると焦るなどです。自分を無理やり標準的な人間の型に押し込めなければ安心しません。『第七章　不安と心配について』の例に取り上げた人のように、生活習慣病の血液検査の数値に一喜一憂しながら基準値にそろえようと自己規制を強化して、ついに完璧に数値をそろえることに成功したとたんにがんになってしまい、苦しい闘病生活を強いられたりします。発病の原因は、数値をそろえようとしたストレスにあり、そのストレスの背後には病気への恐怖があります。眠っていたがん細胞を恐怖が目覚めさせてしまったのでしょう。不運はこのようにして訪れます。

　幸運を体験する人の特徴は、直感を重んじて、論理や数理に対してはアバウトな態度です。不安や心配はもっていますが、深入りせずに、楽しみのほうを優先します。素直で、淡白で、小欲です。このような人とは誰もが付き合いたがります。いっしょにいると楽しいからです。おそらく幸運の女神も付き合いたいのでしょう。

　一般に、他人に幸運が訪れると、口ではお祝いを述べても、内心ではちょっぴり妬む人が少なくありません。ところが、第一章で述べたように他人の幸運を心から祝福する人がいます。本来がそのような性質の人がいるし、意識的にそのようにしている人もいます。どちらも幸運を招き寄せる人たちです。意識のなかで自分と他人の垣根を取り払って一つにしています。自分にも幸運がやってくるという考えからではなく、他人の幸運は自分の幸運と受け取っています。そして、つぎにはちゃっかりと自分も幸運に恵まれています。潜在意識のなせる業です。幸運の招来者は、幸運がだれに舞い降りるかは問わず、少なくともこの世での幸運を信じて疑いません。人間の存在論を展開する一部の思想家は、「自分と他人は同じである。区別しているのは自我意識にすぎない」と説いています。招来者にとっては、自分の幸運もさることながら、他人の幸運もたいせつになります。ただ、このような自他一如の心になりきるのには意識の抜本的転換が必要です。

突然の出来事がほんとうの幸運なのか不幸のはじまりなのかは、そのあとの変化で評価が分かれます。宝くじで巨万の富を手にした人が、有頂天になって世界各国を遊びまわり、その結果、それまで親しくしていた友人たちを失い、日常のささやかな楽しみが消えて、寂しい思いをする日々になってしまいました。今では当籤を悔いています。女性の結婚では、運よく玉の輿に乗れたものの、家風のちがいや、夫の乱行に悩まされ、離婚の場では親権をめぐって争わねばならない苦労をしています。青年の就職では、強力な縁故に恵まれて第一志望の会社に入社して、とんとん拍子に出世したものの、縁が切れると降格させられ、不遇を託つ日々を送っています。このように、幸運が不幸のはじまりである場合があります。不運もまた即断できません。不運と見られる事象を真正面から受けて立ち、飛躍を遂げた人たちが数多くいます。

幸運にせよ不運にせよ、それがやってくるのに善人悪人の区別はありません。善人が不運に見舞われ、悪人が幸運を招く事例はいくらでもあります。「あんなにいい人なのに、なぜか不幸だ」といわれるのは、その人の内部世界に問題があります。あくまでその人の内部世界の有りようが決めます。わたしたちは運がよかった時や、幸運が訪れた時の自分の有りようを思い出す必要があります。そこに運の秘密が隠されています。幸運が到来した数週間前のあなたの内部世界を思い出してください。幸運がやってくる予兆などなく、外部世界では平凡な日常生活が営まれていたでしょう。心には何も願うことなく、損益を考えることなく、他者の存在に気を取られることなく、心は何ものにもとらわれていない空白のままで、ゼロ気分にあったでしょう。このようにすべてが不在のときに幸運は訪れます。人が、ある重大な問題に必死で取り組んだものの、万策尽き、静かに覚悟を決めたときに幸運が舞い降りることがあるのは、心が空白になったからです。

人びとから嫌われる人や極悪非道の悪人でも、心がこの状態になっていれば、幸運を受ける間口が広がって、幸運は入りやすくなります。善人であっても、あれこれと俗世の価値に心を煩わしていては幸運はやってこないのです。幸運は、白紙の状態を好みます。

幸運も不運も、人は自分で呼び寄せている

第二十四章　神仏について

宗教心とは、人知を超えた何かが宇宙のすべてを存在させ、動かしていることを真実と思い、その何かに従っていく心をいいます。その何かである偉大な働きを人は、神、仏*、天、唯一の存在、宇宙意識などと、さまざまな言葉で表現しています。

神とか天とかというと、あたかも自分から遠く離れたところにいる存在に思えますが、人間の体を構成している七十兆個の細胞、また、細胞をつくっている素粒子に対しても神は等しく働いています。神は存在ではありますが、働きといったほうが理解しやすいので、わたしは〝大いなる働き〟と表現しています。大いなる働きなくして肉体も生活も成り立ちません。眠っているあいだも心臓を動かしつづけ、誤ってナイフで指を切れば止血させ、生命維持に不可欠の栄養素を見事な配分で必要な箇所に必要な量をとどけています。その働きがあって、人間は生活の糧を得るための体力と知力が維持できています。わたしたちが〝当たり前〟とか〝自然に〟とか思っている事象は、当たり前ではなく、自然でもないのです。当たり前であり、自然であると思える事象こそ、大いなる働きのあらわれで、わたしたちが、気がついていないだけのことです。

＊仏については、少しばかり意味が異なります。仏教では、仏は悟りを得た者の意で、人間は生きていても仏になることができます。

宇宙は、百三十七億年前のビッグ・バンによって誕生し、いまも膨張をつづけています。では、ビッグ・バン以前はどうだったのでしょうか。科学的には解き明かされていませんが、一説には時間も空間もなかったそうです（わたしはそのように思っています）。

ビッグ・バンは時間と空間を生み出し、諸行無常という現象をつくりました。四十六億年前には地球がつくられました。三十八億年前には生命が誕生し、四百万年前には直立二足歩行の人間があらわれました。わたしたちの先祖が出現するまでには、ビッグ・バン以来、気の遠くなるような時間の経過があったように思えます。そのように思うのは、わたしたちが時間と空間を座標軸にして暮らす人間だからでしょう。大いなる働き自身にとっては時間も空間もないことには変わりなく、現在もその働きをあらわしています。霊的な能力のある人は、何千キロも離れた地に霊体を瞬時に降り立たせることができるそうです。つまり、霊体には時間も空間もないということです。テレパシー、体外離脱、透視なども、時間と空間のない現象です。あなたも、電話が鳴ったとたん、十年以上も会っていないあの人からだと、瞬時に直感が働いたのを経験しているでしょう。

あなたを生んだあなたのご両親↓ご両親を生んだ祖父母↓祖父母を生んだ曾祖父母——と、あなたの系譜をさかのぼっていくと、人類が出現した四百万年前に行き着きます。さらにたどっていくと、生命の誕生にまで行き着くでしょう。ホモ・サピエンスは厳密な条件から誕生し、その後も幾多の変化を通過して、あなたはいまここに存在しています。あなたのDNAは、無数の条件を体験しています。あなたがご両親から生まれたというのは、最後のステージであって、無数の両親から誕生したというのが正解です。ご兄弟も、目の前にいる兄弟のほかにも無数の兄弟がいます。

大いなる働きは、宇宙の星々から極微界の素粒子まで、万物をつくり出しました。大いなる働きの最終目的は人知では理解できませんが、その刻々の働きを解釈すれば、膨張する宇宙でのつねに〝新しい調和〟の実現への営みでしょう。二千五百年前にシャカは、大宇宙の有りようを直観で見抜き、諸行無常と表現しました。

ビッグ・バン以来、おそらく時間と空間がつくられ、つねに調和から新しい調和への変化がれんめんとあらわれ、そして、消えていきます。それが諸行無常という光景となって、わたしたちの目に映っています。目に見えない遠いかなたの空間でも、無数の星々の誕生と死滅が起こっています。そこでは、古い星は新しい星の原材料となって、宇宙全体として新しい調和が生み出されているので、宇宙界全体としてみれば、誕生とか死滅とかと表現するのが、はたして適切かどうか疑わしくなります。変化とか、転化とかという言葉のほうが適語に思えます。大いなる働きによってわたしたちの個々は、この世に現れ、生き、消えていきますが、それぞれが死への変化を遂げることで、地球界全体の新しい調和に寄与しています。

宇宙はつねに変化して同じ状態にとどまっていません。人間界も例外ではなく、個人も社会も変化していきます。しかし、人びとの多くは変化を嫌い、現状に固執します。諸行無常に抵抗することで、苦悩がはじまります。宗教*は、この苦悩でのたうち回る人間の救済のためにありますが、わたしたちは変化に抵抗することをやめないまま救いを求めるので、苦しみを解消できないでいます。この状態は宗教の創始者が生きた時代と同じあり、おそらく人類の誕生以来、ずっとつづいているのでしょう。シャカのアドバイスは驚くほど的確で、見栄心と並んで人間の最大の弱点として説いた、「執着を捨てよ」という言葉は、諸行無常の流れを堰き止めようとする執着の愚を説いています。現代でも人は、財産に、地位に、名声に、子に執着し、その保持に腐心し、その喪失に思い悩んでいます。本来は、与えられているあいだはそれらの価値を、人は大いに楽しみ、よい気分ですごし、そこから去るべき時がくればさらりと去っていけば何の問題もないのに、ひとたび執着心が起こると、悩みや苦しみがはじまります。

＊宗教を知りたいかたに——宗教の創始者の後継者たちは布教のために教会システムをつくり、大衆の教化に乗り出しました。そのために詳細な教義を構築します。そのいっぽうで権威づけのためにいろいろな宗派があらわれました。本来の宗教と宗教教会は、ひとまず別のものと考えたほうがよさそうです。まずは原典から入るのがいいでしょう。

大いなる働きは、わたしたちの生命の維持のために、黙したまま偉大な働きをしてくれます。心臓を動かし、解毒させ、免疫力をもたせています。それでいて「無償でしてやった」などと、恩着せがましいことは言いません。春には桜を咲かせ、秋には楓を色づかせても「わたしがやった」などと、誇示しません。海には無数の魚を泳がせ、田畑には大量の作物を実らせても「わたしが与えた」などと、威張りません。これこそが神の愛です。人間が〝神の子〟でありうるとすれば、黙って注ぐ愛でしょう。愛の対象が自然界に存在する場合、人間も黙って愛します。山を愛する人や、海を愛する人は、山が唸り、海が荒れても、ひたすら愛しています。自然界のありのままを愛しています。自然がおとなしくしている時だけ愛しているのではありません。時には自分に危害をおよぼすようなことがあっても、愛しています。その人たちには、統御しようとか、支配しようとする思い上がりはありません。しかし、愛の対象が人間である場合、多くの人たちの愛はどんなに深いようでもどこかに〝自分〟があります。黙って愛することができません。「愛しているから」「愛しているのに」「愛すればこそ」とさえずります。真実の愛は、黙したままです。

大いなる働きはこの今も無言で調和への営みを一瞬たりとも休まずにつづけています。あなたの第一の環境である体の中では七十兆個の細胞が大いなる働きの指令のもとに、あなたの意思の有無にかかわらず、体の調和のために活動しています。大いなる働きはわたしたちをこよなく愛してくださっていますが、神の子といわれる人間にもこのような無条件の愛が思わぬ契機であらわれるときがあります。あなたは、街中で自分の前を行く老婦人が、縁石につまずいて倒れそうになったら、とっさに腕を取ってあげるでしょう。この瞬間的な行為は、あなたが他者のバランス（体位の調和）を保つ行為です。このような時に、「人には親切にしなければ」とか「弱者にはやさしくあらねば」などの思考や理屈があって助けるのではなく、あなたはほとんど本能的に手を差しのべています。これが愛です。あなたの体の中で危機が起こった時に細胞たちがすぐさま救助にむかうのとまったく同じです。人間界もまた大いなる働きが働く一つの体です。

神仏はあなたの大嫌いな人にも働いています。その大嫌いな人に会ったら、かれのなかに働く神仏に焦点を合わせてください。かれは自我が暴れるのに任せているにすぎないのです。かれの自我があなたに嫌わせています。あなたはかれの自我を見るのでなく、かれのなかで働く神仏を見てください。そうするとどうなりますか。嫌いでも愛することができるのです。神仏の愛は区別も差別もしません。

大いなる働きはわたしたちが安全であるように守ってくれていますが、あまりに身近なのでわたしたちは気がつかないでいます。空気のように、それがなければ数分のあいだに死んでしまうのに、意識が空気に向くときはありません。空気は透明でどこにでもあるので、日ごろ認識しないままわたしたちはすごしています。大いなる働きは、それを信じる人にも信じない人にも、善人にも悪人にも、等しく働いています。差別はありません。その働きについて、わたしたちにいま理解できることといえば、諸行無常をもって調和から調和へと働いているという営みだけです。最終的な目的も意図も理解不能ですが、わたしたちによくしてくださっていることは確かです。わたしたちがおそらく気がついていないその恩寵には測り知れないものがあるでしょう。

大いなる働きの別名である神仏は、わたしたちが自分の願いをいちいち願わなくてもご存知ですから、神仏にむかうときには感謝の念をささげるだけがいいのです。あれこれと感謝の理由をつけ加える必要はありません。理由をつけないのがいいのです。どんなに深刻な事態に在っても、救われたいと願う必要はありません。ただ感謝の念をささげればいいのです。個別の願いをくどくどと願うことは神仏を遠ざけます。神仏は静けさのなかでこそ、もっとも直接的に働いてくださいます。病気は眠っている時に癒され、心の乱れは瞑想によって鎮められ、願望は黙することで実現されます。世界の寺院の多くが深山幽谷に構えられているのは、人間には静けさが大事だからです。

もしあなたが神仏を感じたければ、静かな場所に独りで座ってください。夜がいいでしょう。たとえば、そこがご自分の部屋としましょう。電灯はつけたまま、目は開けたままで、姿勢もふだんどおりにくつろぎの体勢でかまいません。ゆったりとした気分で、純粋の一人の人間に立ち返ってください。なにもかもから意識を離してください。なにもかもからとは、職場、家庭、世の中からです。願い、望み、救いからも、です。つぎに見るともなしに部屋の中にある物を見てください。机があり、本棚があり、タンスがあり、カーテンがあり、パソコンがあります。それらのものは沈黙したままあなたとともにいます。あなたも沈黙したままかれらとともにいます。静かです。心も体も物も静かです。しばらくそのままでいてください。あなたは、あなたに取りついているすべての考え、思い、感情という衣を脱ぎ去ってそこにいます。心はまったくの空白です。それなのに、あなたはそっと抱かれているのに気づくでしょう。

大いなる働きとともに生きる人は、幸福である

おわりに

気分の有りようについて、あらましご理解いただけたでしょうか。この本で取り上げたさまざまな場で生じる気分を観察されて、おそらくあなたは「よい気分のためには、自分をもっと広げなければ……」とお感じになったのでは?

「広げる」とは、他者に対する見方、接し方をはじめ、フィールドの拡大、環境と条件の変換などがあるでしょう。身近な事では肉体の鍛錬もあるでしょう。

どのような場面に出会っても、つねに広がった自分でいられる方法があります。それは、意識のうえで純粋の一個人でいることです。純粋の一個人とは、大事な職場からも、たいせつな家庭からも、自分の名前からさえも、離れ去った本来のあなたご自身です。つまり、広がりきったあなたです。純粋の一個人に立ち返るのは、意識のうえとはいえ、はじめは自分が無くなってしまうようで(この感じが重要です)怖い気がしますが、あえておこなってください。一カ月ほど経つと、身の回りの人たちへの見方が変わってきたのに気づくでしょう。不思議なことに他者に対しても相手を純粋の一個人として見るようになります。礼は尽くしますが、余計な気遣いをしなくなります。相手が役割やポジショニングを笠に着て横柄な振る舞いで応対しても、ネガティブな反応は起こらず、相手のあるがままを受け入れるようになります。自分が勤務する会社についての見方も変わります。職場は、収入を得る労働現場から、自分の技能を発揮する場所へと変化します。人間関係や協同作業についても、いつも白紙で臨んでいることが、思いもよらず人間への親和力を強め、真の連帯感を生みだします。運行はよい方向にむかいます。

手掛ける物事に対しては、心は静かなのに、意志は強靭さを増します。人によっては、人生の目的を追求しようと真剣に活動をはじめるでしょう。あるいは、休眠していた願望が覚醒し、環境と条件の一新に乗り出すこともあるでしょう。内部世界も外部世界も広がっていきます。それにともなって、よい気分があらゆる場面で生起します。

気分よければ、すべてよし

〈著者プロフィール〉
杉　英三郎（すぎ　えいざぶろう）
1931年生まれ。広告代理店勤務。退社後、経営相談所に所属し、商品企画、販売促進、企業開発を担当。1971年、マーケティングと経営コンサルティングを業務とする広告代理店を設立、経営者と社員対象に講演、講話、事例研究多数。1997年引退。現在、人生論の研究に従事。

気分についての二十四章　幸福な日々のために

2009年11月18日　初版第1刷発行

著　者　杉 英三郎
発行者　韮澤 潤一郎
発行所　株式会社 たま出版
〒160-0004 東京都新宿区四谷4－28－20
☎ 03-5369-3051（代表）
FAX 03-5369-3052
http://tamabook.com
振替　00130-5-94804

印刷所　神谷印刷株式会社

ISBN978-4-8127-0292-5　C0011